Empreenda
pelos princípios
bíblicos

CARO(A) LEITOR(A),

Queremos saber sua opinião sobre nossos livros. Após a leitura, siga-nos no **linkedin.com/company/editora-gente**, no TikTok **@editoragente** e no Instagram **@editoragente**, e visite-nos no site **www.editoragente.com.br**. Cadastre-se e contribua com sugestões, críticas ou elogios.

Oséias Gomes

Empreenda pelos princípios bíblicos

Como usar a fé e os princípios cristãos para alcançar sucesso nos negócios e gerar um impacto positivo

Diretora
Rosely Boschini

Gerente Editorial Sênior
Rosângela de Araujo Pinheiro Barbosa

Editora Júnior
Carolina Forin

Assistente Editorial
Fernanda Costa

Produção Gráfica
Fábio Esteves

Edição de Texto
Ricardo Lélis do Prado

Preparação
Wélida Muniz

Capa
Anderson Junqueira

Projeto Gráfico e Diagramação
Plinio Ricca

Revisão
Fernanda Guerriero Antunes
Elisa Casotti

Impressão
Gráfica Terrapack

Copyright © 2023 by Oséias Gomes
Todos os direitos desta edição
são reservados à Editora Gente.
Rua Natingui, 379 – Vila Madalena
São Paulo, SP – CEP 05443-000
Telefone: (11) 3670-2500
Site: www.editoragente.com.br
E-mail: gente@editoragente.com.br

Dados Internacionais de Catalogação na Publicação (CIP)

Angélica Ilacqua CRB-8/7057

Gomes, Oséias

 Empreenda pelos princípios bíblicos : como usar a fé e os princípios cristãos para alcançar sucesso nos negócios e gerar um impacto positivo / Oséias Gomes. - São Paulo : Editora Gente, 2023.

176 p.

ISBN 978-65-5544-396-7

1. Empreendedorismo 2. Bíblia I. Título

23-4702 CDD 658.4012

Índice para catálogo sistemático:

1. Empreendedorismo

As citações bíblicas foram padronizadas de acordo
com a Bíblia Nova Versão Internacional (NVI).

NOTA DA PUBLISHER

Apesar de conhecer todas as vantagens de se ter um negócio próprio, quem empreende sabe da quantidade de desafios que podem aparecer ao longo do caminho e da dificuldade das decisões que é preciso tomar. O peso da responsabilidade, a incerteza, a insegurança, a cobrança, a frustração e o descrédito por parte dos outros são dores que podem surgir nessa empreitada e com as quais o empreendedor precisa lidar, muitas vezes, sozinho.

É justamente nesses momentos que o dono de um negócio precisa buscar alicerces nos quais se apoiar e conhecimentos para se fortalecer e vencer as mais diversas situações. E, em um mundo onde a intersecção entre fé e negócios nem sempre é clara, meu querido

EMPREENDA PELOS PRINCÍPIOS BÍBLICOS

amigo Oséias Gomes, grande empreendedor e autor best-seller da Editora Gente, nos apresenta um roteiro inspirador para aqueles que buscam integrar valores espirituais em suas empreitadas empresariais.

Em *Empreenda pelos princípios bíblicos*, Oséias nos mostra que a sabedoria bíblica pode iluminar cada passo de sua jornada empreendedora e promover uma mudança real na forma como abordamos nossos negócios. Por meio de sua experiência pessoal, o autor traz os princípios da Bíblia para o mundo do empreendedorismo e clareia os caminhos para o empreendedor já consolidado, como Oséias, ou para alguém que busca iniciar sua jornada com valores sólidos.

Convido você a mergulhar nesta leitura transformadora e se beneficiar das lições valiosas compartilhadas por um autor que se destaca como um líder em sua área. Vamos juntos?

Rosely Boschini
CEO e Publisher da Editora Gente

AGRADECIMENTOS

Querido leitor,

É com profunda gratidão e alegria que compartilho aqui os meus agradecimentos. Ao completar esta jornada na escrita de *Empreenda pelos princípios bíblicos*, meu coração transborda de reconhecimento a todos que tornaram este projeto possível.

Primeiramente, quero expressar minha imensa gratidão a Deus, fonte de inspiração e guia de cada palavra escrita nestas páginas. Suas verdades eternas foram a luz que iluminou cada capítulo, permitindo-me transmitir uma mensagem de esperança e transformação.

Aos meus queridos familiares e Dalvana, minha esposa, agradeço por seu apoio incondicional, paciência e incentivo. Ser encorajado por vocês foi o combustível que me impulsionou a superar os desafios que enfrentei.

Aos meus mentores espirituais: apóstolos Nelson Braido e Olivia Braido, da Igreja Cristã Presbiteriana de Ponta Grossa/PR; apóstolos João Maria Rodrigues e Sônia Rodrigues, da Igreja Batista Betel de Telêmaco Borba/PR; apóstolos Elias Gomes e Elisângela de Moraes, da Igreja Fonte Viva de Campo Grande/MS; e também aos meus pastores da Igreja Cristã Presbiteriana de Ponta Grossa/PR, Rodrigo e Suelen. Vocês foram, são e sempre serão luz em meu caminho!

Preciso agradecer também aos milhares que intercedem por mim e por minha vida. Minha mais profunda gratidão por toda oração a Deus.

Ao leitor que agora tem este livro em mãos, saiba que esta obra foi criada para você. Espero com sinceridade que cada página inspire, desafie e transforme suas perspectivas sobre empreendedorismo e fé.

Que esta obra possa tocar corações, abrir mentes e plantar sementes de prosperidade guiadas pela sabedoria divina.

Com humildade e profunda apreciação,

Oséias Gomes

SUMÁRIO

PREFÁCIO	**15**
INTRODUÇÃO	**21**

CAPÍTULO 1
DEUS E O EMPREENDEDORISMO   **29**

CAPÍTULO 2
BUSQUE APOIO NA ESPIRITUALIDADE   **41**

CAPÍTULO 3
A FÉ CARECE DE AÇÃO   **53**

CAPÍTULO 4
TENHA OS PRINCÍPIOS DIVINOS COMO GUIA
65

CAPÍTULO 5
EMPREENDA COM A MENTALIDADE DE CRISTO
73

CAPÍTULO 6
ADOTE A GOVERNANÇA NOS NEGÓCIOS
87

CAPÍTULO 7
SEU PRODUTO E SEU PLANO DE NEGÓCIOS
107

CAPÍTULO 8

O GÊNESIS E A IMPORTÂNCIA DA VALIDAÇÃO
125

CAPÍTULO 9

DEUS E O MINDSET DA INOVAÇÃO CONSTANTE
143

CAPÍTULO 10

ELIAS E A ZONA DE CONFORTO
155

CAPÍTULO 11

SEJA O DAVI DA SUA HISTÓRIA!
165

PREFÁCIO

Ao longo de minha trajetória como empreendedor, recorrentemente me deparo com pessoas que pensam que empreender é apenas abrir um CNPJ. A essas, insisto em explicar: ser empreendedor vai muito além de ter uma empresa; é algo que começa na vida pessoal. E por que trazer este questionamento aqui? Justamente porque a atividade empreendedora tem componentes que muitos ainda não reconhecem, como a espiritualidade. E é neste ponto que o querido amigo Oséias Gomes toca, brilhantemente, no livro que você está prestes a iniciar, caro leitor.

Pessoalmente, tive formação católica, mas sempre me considerei cristão, acima de denominações. A vivência da fé e da espiritualidade se deu em minha vida por meio da busca pela iluminação divina. Acredito que, quando você faz a coisa certa, Deus – qualquer que seja a forma pela qual você O enxerga – recompensará seus bons atos. Essa tem sido uma premissa não só de vida, mas em toda a minha jornada como empreendedor. Sei que assim também acontece com Oséias e diversos outros grandes empreendedores de sucesso que calçaram suas trajetórias em princípios cristãos. É que não tem para onde fugir: ou você segue determinados preceitos para uma vida humana digna, ou qualquer pretenso sucesso e prosperidade que conquistar será passageiro, podendo desmoronar a qualquer momento.

Vejo a Bíblia Sagrada como um grande "manual da vida". Ela contém valiosos ensinamentos que, mesmo escritos há milhares de anos, permanecem sempre atuais. O livro encerra orientações sobre diversos aspectos do cotidiano, e ainda dá indicativos de como proceder nos negócios. É por isso que não desassociamos o ser empreendedor do ser cristão. Nesse aspecto, o amigo Oséias traz relevantes questionamentos, reflexões e orientações sobre o que é ser um empreendedor segundo os princípios cristãos. Algumas clássicas histórias bíblicas servem de base para todo o conteúdo.

Ora, o empreendedor cristão, além de ter Deus como guia, norteia-se pelo bem, pela boa-fé, honestidade, honra, decência, probidade, entre outras características e

PREFÁCIO

atitudes. São pontos que se refletem em diversas ocasiões. Por exemplo, em uma negociação, não se pode ser predatório, buscando apenas o benefício próprio, relegando ao outro um prejuízo. No networking, é preciso firmar conexões reais, honestas e duradouras, em que todos obtenham êxito.

Costumo dizer que Deus foi e é o maior empreendedor da história. Foi Ele o responsável pela mais bela criação, sempre se reinventando e inovando perenemente durante toda a trajetória da humanidade no mundo. Ele também nos concedeu a sabedoria para empreender, conquistar sucesso e prosperidade. E aqui neste livro, caro leitor, você encontrará uma série de paralelos entre figuras e passagens da Bíblia e a realidade do empreendedor moderno – desde a Criação em Gênesis 1:31 e a importância da validação de ideias ("E Deus viu que ficou bom"), passando por Elias e Davi. Este último, especialmente, remete a uma constante na jornada empreendedora: o enfrentamento de adversidades. Ora, há determinadas situações em que nos encontramos como Davi perante diversos Golias que surgem pelo caminho. Diante desses obstáculos, é importante não desistir, mas encontrar maneiras de ultrapassá-los. É o que chamo de obstinação.

Caro amigo, cara amiga, ser empreendedor cristão é ser um(a) obstinado(a). É ter fé que, fazendo sua parte, Deus fará a Dele, concedendo-lhe graças e bênçãos para que você prospere. E aqui quero frisar mais uma vez: você tem que fazer a sua parte. A fé sem ação é morta, não produz frutos. Do céu, de graça, só cai chuva. Você precisa ir em busca dos seus sonhos e objetivos, sempre contando com a iluminação divina como guia.

Recomendo que leia *Empreenda pelos princípios bíblicos* de maneira reflexiva. Uma leitura ativa que gere ação, transformação. O que Oséias Gomes propõe aqui é que você, empreendedor que crê em Deus, reconheça a força do Criador na sua jornada e que trilhe esse caminho sempre com os olhos Nele. Fica aqui o desejo de muito sucesso e prosperidade a você, e que Deus o abençoe e ilumine grandemente.

Um abraço afetuoso,

Janguiê Diniz

Fundador e presidente do Conselho de
Administração do grupo Ser Educacional

Presidente do Instituto Êxito
de Empreendedorismo

A FÉ SEM AÇÃO É MORTA,
NÃO PRODUZ FRUTOS.
DO CÉU, DE GRAÇA,
SÓ CAI CHUVA.

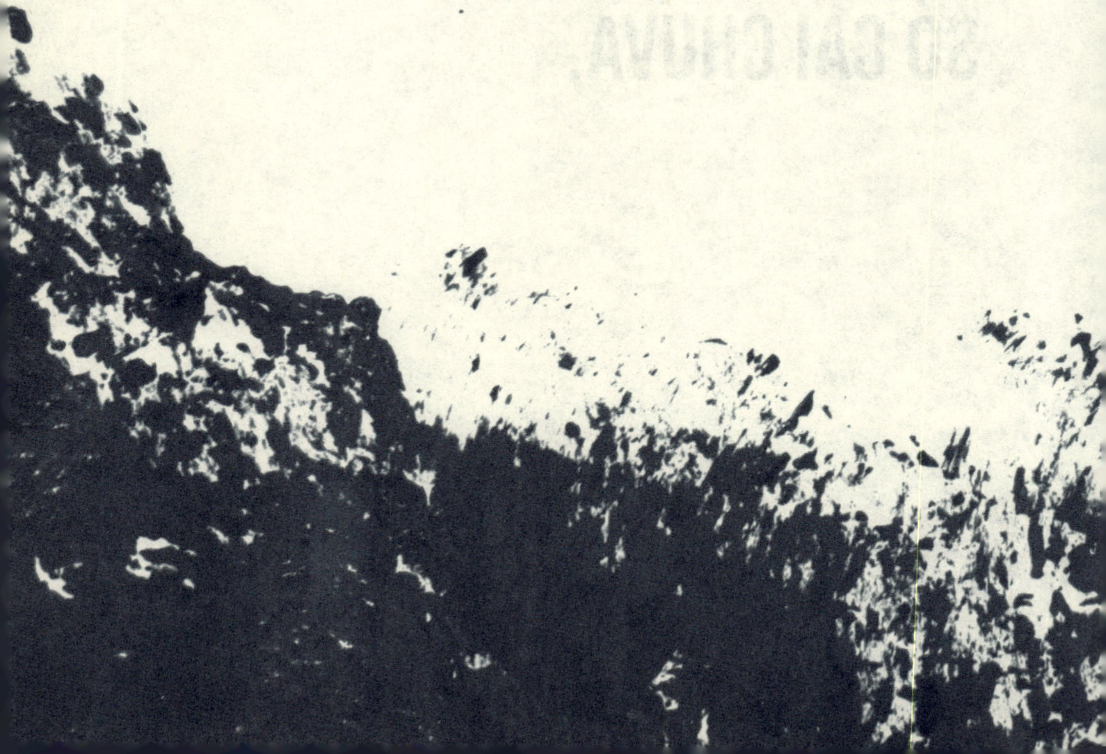

INTRODUÇÃO

Bem-vindo a uma jornada inspiradora de empreendedorismo com base em princípios cristãos! Neste livro, explorarei o fato de que é possível construir e liderar um negócio bem-sucedido, enquanto se vive e aplica os ensinamentos bíblicos em todas as áreas da vida.

Empreender é uma caminhada repleta de desafios, riscos e oportunidades. É uma busca incessante pela realização de sonhos, pela criação de algo significativo e pelo desenvolvimento da capacidade de impactar positivamente a vida das pessoas ao nosso redor.

No mundo dos negócios, é comum encontrar pessoas que estão em busca de sucesso financeiro e realização profissional. Muitas vezes, essa busca é guiada por estratégias e técnicas que visam maximizar os lucros e garantir o crescimento do empreendimento. Quando essas estratégias são baseadas em princípios bíblicos, o resultado pode ser ainda mais gratificante.

E por que escolhi a Bíblia Sagrada como guia para empreender? Sou empreendedor há mais de trinta anos e cristão desde que nasci. Além disso, é sabido que a Bíblia é o livro mais lido no mundo e também o mais vendido,[1] sem contar que 86% da população brasileira se autodeclara cristã[2] e acredita que a Bíblia é a Palavra de Deus e nela se encontram soluções para todas as questões da vida.

Se é nela que encontramos saídas para todos os problemas do âmbito pessoal, por que não encontrar também na Bíblia as soluções para os problemas empresariais? A Palavra de Deus pode sim ser conciliada com o empreendedorismo. E, claro, nada melhor do que se guiar pelas instruções divinas para a construção do sonho de empreender.

---

1 LOPES, L. Bíblia Sagrada segue como o livro mais vendido do mundo, segundo relatório do Guinness Book. **JM Notícia**, 7 mar. 2022. Disponível em: https://jmnoticia.com.br/biblia-sagrada-segue-como-o-livro-mais-vendido-do-mundo-segundo-relatorio-do-guinness-book/. Acesso em: 3 ago. 2023.

2 AZEVEDO, R. O IBGE e a religião – Cristãos são 86,8% do Brasil; católicos caem para 64,6%; evangélicos já são 22,2%. **Veja**, 31 jul. 2020. Disponível em: https://veja.abril.com.br/coluna/reinaldo/o-ibge-e-a-religiao-cristaos-sao-86-8-do-brasil-catolicos-caem-para-64-6-evangelicos-ja-sao-22-2. Acesso em: 3 ago. 2023.

EMPREENDER É UMA CAMINHADA REPLETA DE DESAFIOS, RISCOS E OPORTUNIDADES.

Quem melhor para nos aconselhar do que as Palavras do próprio Deus? Está escrito em Provérbios 3:5-6: "Confie no Senhor de todo o seu coração e não se apoie em seu próprio entendimento; reconheça o Senhor em todos os seus caminhos, e ele endireitará as suas veredas". Trazendo esse trecho para uma linguagem mais moderna e de fácil entendimento, imagine Deus dizendo a você: "Confie em Mim, não ache que apenas seus conhecimentos são o suficiente. Tudo o que você for fazer, compartilhe Comigo e o que estiver errado, Eu consertarei".

Quando o empreendedorismo é combinado com a fé em Deus, ocorre uma sinergia poderosa. O empreendedor se sente fortalecido e encorajado a enfrentar os desafios do mundo dos negócios. Portanto, este livro propõe uma abordagem diferenciada. Aqui, explorarei como integrar os princípios cristãos e a fé em Deus com o mundo do empreendedorismo.

Acredito firmemente que a fé e os ensinamentos bíblicos têm um papel fundamental em nossa caminhada como empreendedores, guiando-nos em cada decisão, direcionando nossa visão e moldando nossos valores.

Ao longo destas páginas, mergulharemos em exemplos da Bíblia, examinaremos histórias de homens e mulheres de fé e aprenderemos como aplicar esses ensinamentos em nosso próprio contexto empresarial.

INTRODUÇÃO

Acredito que, ao construir nosso negócio sobre alicerces sólidos e valores cristãos, podemos prosperar não apenas financeiramente, mas também emocional e espiritualmente.

Aqui vou explorar questões fundamentais, como conquistar a genialidade divina, desenvolver a governança, iniciar a jornada com fé, compreender e viver as etapas e atualizar-se com o mundo moderno. Cada capítulo é uma oportunidade para refletir, crescer e desenvolver uma mentalidade empreendedora alinhada com a vontade de Deus.

Estamos prestes a embarcar em uma jornada de descoberta e crescimento pessoal, na qual aprenderemos a integrar a fé e o chamado empreendedor. À medida que mergulhamos neste livro, convido você a abrir seu coração e sua mente para receber as lições e os insights que estão bem na sua frente.

Conhecendo os passos do método de empreender com base em Deus, que proponho ao longo deste livro, será possível então experimentar uma jornada empreendedora emocionante, repleta de sucesso e realização pessoal.

É importante ressaltar que o empreendedorismo não se resume apenas a abrir um negócio ou a iniciar um projeto. Trata-se de desenvolver uma mentalidade, uma maneira de encarar desafios e buscar oportunidades com coragem e determinação.

É nessa mentalidade empreendedora que encontramos uma conexão direta com os princípios bíblicos, princípios esses que nos ensinam a confiar em Deus, a perseverar diante das adversidades e a buscar sabedoria e discernimento em todas as nossas decisões.

Que este livro seja uma bússola em sua jornada empresarial, guiando você para o caminho da realização, do sucesso e do impacto positivo no mundo. Estou animado para caminhar ao seu lado e testemunhar as maravilhas que Deus tem reservadas para você por meio do empreendedorismo.

Vamos começar essa incrível jornada juntos!

QUANDO O EMPREENDEDORISMO É COMBINADO COM A FÉ EM DEUS, OCORRE UMA SINERGIA PODEROSA. O EMPREENDEDOR SE SENTE FORTALECIDO E ENCORAJADO A ENFRENTAR OS DESAFIOS DO MUNDO DOS NEGÓCIOS.

"QUANDO O
EMPREENDEDORISMO É
COMBINADO COM A FÉ
EM DEUS, OCORRE UMA
SINERGIA PODEROSA.
O EMPREENDEDOR SE
SENTE FORTALECIDO
E ENCORAJADO A
ENFRENTAR OS DESAFIOS
DO MUNDO DOS NEG

CAPÍTULO 1
DEUS E O EMPREENDEDORISMO

Desde que me entendo por gente, sou cristão! Nasci em uma família muito humilde, mas com uma fé cristã enorme. Meus pais oravam em casa e participavam assiduamente de cultos e outros eventos da igreja da cidade e, por consequência, meus irmãos e eu fazíamos o mesmo desde pequenininhos.

A fé cristã sempre esteve muito presente em minha vida, na infância e na adolescência, por influência familiar, e depois, por minha própria escolha, na vida adulta. Por ser cristão desde tenra idade, sempre soube que em Deus estaria a minha base de vida e o meu refúgio quando necessário. Com alegria digo: sou um homem de fé!

Aos 17 anos, ganhei de presente meu primeiro livro sobre gestão e me encantei com o mundo dos negócios. Daquele dia em diante, soube que o empreendedorismo seria a carreira que eu escolheria para minha vida e que teria como missão ensinar tudo que sei para o sucesso de outros empreendedores como eu.

Se há algo que aprendi ao longo dos meus mais de vinte anos como empreendedor, e a vida toda como cristão, é que apenas duas coisas podem libertar os homens: Deus e o empreendedorismo.

Apesar de o empreendedorismo ser uma criação dos homens e não se tratar de uma criação divina, a Bíblia Sagrada, o maior livro sobre a fé cristã, já fazia menção a ele em diversas passagens:[3] o homem sempre empreendeu. Sem contar que, se o empreendedorismo foi uma criação humana, e foi Deus quem criou os humanos, o toque divino, sem dúvidas, está presente nessa atividade. Por mais que possa soar um pouco maluco, empreendedorismo e fé têm muita relação.

---

3 VINICIUS, S. Os 50 melhores versículos para empreendedores. **Vamos prosperar**, 30 abr. 2019. Disponível em: https://vamosprosperar.com/versiculos-para-empreendedores/. Acesso em: 3 ago. 2023.

Para todo cristão, quem criou o mundo e o ser humano foi Deus. Sabemos que o propósito de Deus ao criar o ser humano foi diferente do propósito da criação do mundo. A criação do mundo nada mais foi que a ambiência, ou seja, o espaço onde vivemos uns com os outros e com a presença do Criador.

Já ao criar o ser humano, com sua natureza – o livre-arbítrio –, Deus tinha como objetivo ser recebido como nosso Senhor. Isso quer dizer que, ao gerar o ser humano, Deus tinha o único propósito de que o adorássemos em espírito e em verdade. E, ao fazermos isso, adquirimos o direito de sermos conduzidos e cuidados pelo Senhor.

Aliás, um dado interessante é que, na Bíblia, Deus é reconhecido como "Senhor" somente após os primeiros 34 versículos do livro de Gênesis – aquele que relata a criação do mundo. Até o versículo 3 do segundo capítulo de Gênesis, Deus é nomeado apenas como Deus, e só a partir do versículo 4, que é quando Deus traz à existência o homem, é que Ele enfim é intitulado "Senhor Deus".

Isso significa que o título de Senhor, que de modo semântico significa "dono absoluto, possuidor",[4] só foi

---

4 SENHOR. *In*: iDICIONÁRIO Aulete. Rio de Janeiro: Lexicon, 2019. Disponível em: https://www.aulete.com.br/Senhor. Acesso em: 3 ago. 2023.

dado a Deus após a criação humana. E, se Ele é dono absoluto do ser humano, isso quer dizer que, para tudo que fizermos, precisamos da aprovação, da ajuda, da bondade, da misericórdia, enfim, da proteção de Deus.

Ele nos dá uma liberdade vigiada; você é o protagonista de sua história, mas Deus é o seu condutor. Por isso Ele é libertador: aquele que permite que você faça livremente suas escolhas e que continuará contigo independentemente delas.

É frequente que o empreendedorismo seja associado à ideia de liberdade, porque ele pode oferecer aos empreendedores escolhas quanto ao próprio destino. Ao começar um negócio próprio, o empreendedor cria sua visão de negócio e trabalha para alcançá-la.

Além disso, o empreendedorismo proporciona a liberdade de escolher o tipo de trabalho que se quer fazer e como fazer, permite escolher o tipo de produto ou serviço que se deseja oferecer e o público-alvo a ser alcançado. Também consegue criar uma cultura de trabalho que reflita seus valores e objetivos.

Outra razão pela qual o empreendedorismo pode ser libertador é que ele oferece a oportunidade de se ganhar dinheiro de maneira independente e traz a oportunidade de que se consiga alcançar uma escalada financeira.

VOU SER AQUILO QUE DEUS QUISER QUE EU SEJA.

> **QUEM NÃO CONHECE ALGUM EMPREENDEDOR QUE FALIU OU QUE DESISTIU DE SEU NEGÓCIO POR TANTOS PROBLEMAS QUE TEVE DE ENFRENTAR?**

No entanto, o empreendedorismo também pode trazer desafios e responsabilidades significativas, como assumir riscos financeiros, gerenciar a equipe e garantir que o negócio esteja operando de maneira ética e legal.

Para muitos empreendedores, os benefícios superam os desafios, e eles vivem bem; já para outros, os desafios são traumáticos demais e eles acabam desistindo de empreender ou terminam vivendo um ciclo de altos e baixos em seu empreendimento.

Quem não conhece algum empreendedor que faliu ou que desistiu de seu negócio por tantos problemas que teve de enfrentar?

A liberdade do empreendedorismo faz com que as pessoas que se enveredam por ele também vivam as partes negativas: a falta de credibilidade, as incertezas da jornada, a falta de apoio e de compreensão dos familiares e amigos, o medo de fazer escolhas erradas etc.

Certa vez, eu estava em uma palestra que abrangia o tema. Um amigo empreendedor se apresentou e logo no início disse: sou um empresário que quebrou sete vezes. Em seguida contou histórias sobre as dificuldades que enfrentara: a falta de dinheiro, as brigas com a esposa – que não acreditava nele e em suas ideias –, quando viu o filho aos prantos porque queria uma mochila nova e ele não tinha dinheiro e o quanto sofreu com isso.

Esse palestrante usou uma passagem bíblica de que gosto muito: o choro pode durar uma noite, mas a alegria virá pela manhã.[5] A plateia? Foi ao delírio, todos ficaram em pé espontaneamente e o aplaudiram por uns cinco minutos. Emocionante!

E sabe por que houve essa identificação tão rápida e tão forte da plateia com o palestrante? Porque é comum o empreendedor passar por diversos problemas e incertezas em sua trajetória. E se ele passa por tantas dificuldades, quem o ajuda? Quem o acolhe para dar apoio às suas dores e confortá-lo?

Mesmo sendo empreendedor há tanto tempo, felizmente nunca entrei em falência, mas coleciono barreiras e obstáculos ao longo da minha carreira, desafios que, com muito custo, pude vencer. Sempre que vivi um momento de tensão, eu também me sentia incompreendido, desacreditado e solitário.

Lembro-me de que, em uma manhã de segunda-feira, eu me levantei, tomei meu café e, já vestido de terno e

---

5 Salmos 30:5.

gravata para ir ao banco em que trabalhava como geren-te, disse para minha mãe que em seguida retornaria. Dei um beijo em seu rosto, e ela, assustada, me perguntou por que eu voltaria tão rápido, se geralmente eu voltava apenas no fim do dia.

Respondi que naquele dia eu deixaria a carreira ban-cária. Minha mãe colocou as duas mãos sobre a cabeça e me falou: "Filho, você tem um emprego que muitos gostariam de ter. A cidade toda te conhece, você tem um bom salário". Eu estava deixando o banco para me dedicar integralmente ao empreendedorismo, e esta foi minha primeira barreira: a tristeza da minha mãe, que não se conformava com minha decisão.

Quando cheguei no banco, me sentei em minha mesa e os amigos do trabalho se aproximavam e me diziam que eu estava louco. Diretores me ligaram, até clientes me telefonaram para dizer que eu estava cometendo uma sandice ao abandonar minha carreira estável para investir em algo totalmente incerto.

Inclusive, compartilho uma coisa que me marcou muito: após eu me despedir de meus amigos e colegas do banco, na porta da agência, encontrei uma velha amiga da família que me disse: "Até agora você era o gerente do banco. E a partir de hoje, quem é você?".

DEUS E O EMPREENDEDORISMO

Naquela época, ser gerente de banco dava muito prestígio às pessoas, o que fazia todo gerente ter visibilidade e status na sociedade. Acredito que era sobre isso que ela perguntava. Com uma resposta rápida e objetiva, respirei fundo e disse: "Vou ser aquilo que Deus quiser que eu seja".

Passados dois anos desse episódio, eu já tinha um escritório de consultoria de empresas, abri uma revendedora de automóveis e acabava de construir uma casa linda no bairro mais nobre da cidade. Então, surgiu o convite de um colega para abrirmos o primeiro consultório odontológico em uma cidade vizinha.

Após seis meses, ao perceber que se tratava de um negócio promissor, reuni minha família para um almoço, comuniquei que estava colocando a minha linda casa à venda e que passaria adiante a revendedora de automóveis, que já não estava dando o resultado esperado. Avisei aos meus clientes da consultoria que apenas finalizaria seus contratos. Tomei a decisão de sair da zona de conforto para viver o que acreditava que seria ainda melhor; algo que estava iniciando pequeno, mas em que eu enxergava um futuro bastante promissor.

Novamente, recebi um turbilhão de críticas e manifestações de desdém. Também a insegurança me acometeu,

37

afinal de contas, mais uma vez eu estava abandonando o padrão da vida estável para fazer algo desconhecido. Assim como eu, todo empreendedor vai enfrentar – se é que já não está enfrentando – as mesmas barreiras da incerteza, da falta de compreensão e de apoio.

É claro que eu entendo por que as pessoas agem assim. É compreensível que elas critiquem ou até mesmo deixem de incentivar um empreendedor, pois é como manifestam sua preocupação. Mas acontece que empreender é se arriscar, é sair da zona de conforto, é dar passos em um caminho incerto.

A falta de compreensão por parte das pessoas a quem ama confronta os sentimentos que estão no coração do empreendedor, pois ele se sente quase que reprovado por elas. E, por mais que entenda que é apenas preocupação, ele se sente sozinho. Se você se sente sozinho, se eu me sinto sozinho, se o empreendedor se sente sozinho, a quem podemos recorrer? A Deus!

EMPREENDER É SE ARRISCAR, É SAIR DA ZONA DE CONFORTO, É DAR PASSOS EM UM CAMINHO INCERTO.

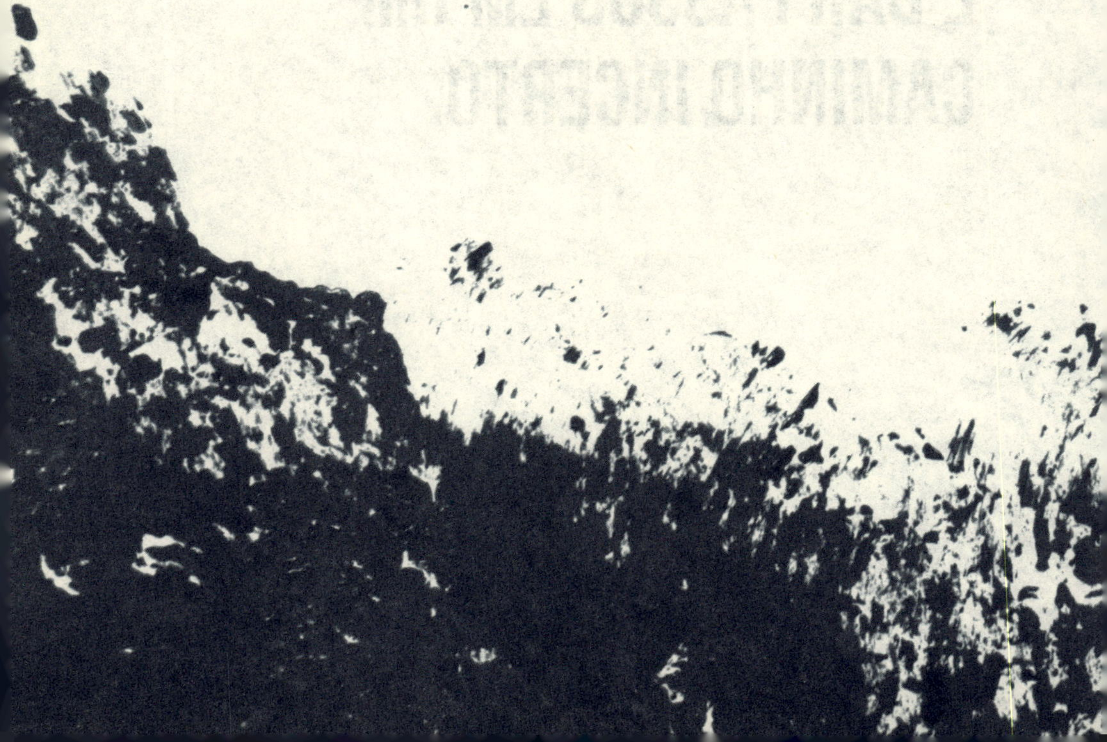

CAPÍTULO 2

BUSQUE APOIO NA ESPIRITUALIDADE

Todo ser humano busca viver bem em grupos. É algo normal e natural. Inclusive, isso é previsto por Abraham Maslow, um psicólogo americano, conhecido pela proposta de hierarquia de necessidades de Maslow,[6] em que enumera os cinco pilares essenciais que cada indivíduo busca para alcançar sua realização individual e a felicidade plena.

---

[6] ARAÚJO, F. Hierarquia de necessidades de Maslow. **InfoEscola**. Disponível em: https://www.infoescola.com/administracao_/hierarquia-de-necessidades-de-maslow/. Acesso em: 31 jul. 2023.

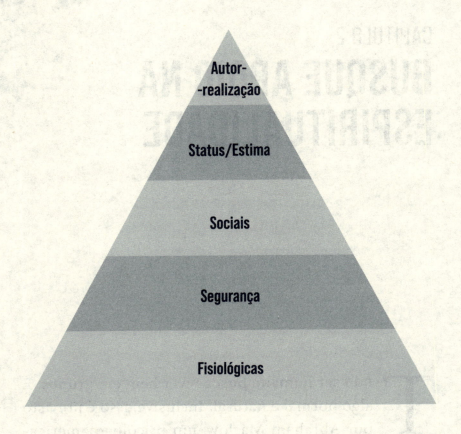

Os níveis se dividem em necessidades fisiológicas, de segurança, sociais, de estima e, no topo, a realização pessoal. Quando nos decidimos pelo empreendedorismo como carreira profissional, o pilar da segurança é um dos primeiros que deixamos de lado, e é por isso que as pessoas se preocupam e não nos apoiam como aspiramos.

TOMAR A DECISÃO DE EMPREENDER E NÃO CONTAR COM O AMPARO DE QUEM SE AMA TORNA A JORNADA AINDA MAIS DIFÍCIL.

EMPREENDA PELOS PRINCÍPIOS BÍBLICOS

Se o empreendedor se sente solitário, incompreendido e, muitas vezes, até desdenhado por seus familiares e amigos, por seu grupo social, como ele poderá seguir adiante, e com tranquilidade, nos seus negócios? Como poderá buscar a liberdade empreendedora sem ter apoio? Tomar a decisão de empreender e não contar com o amparo de quem se ama torna a jornada ainda mais difícil.

Com isso, alguns buscam apoio em outros lugares, como em outros empreendedores, que nem sempre serão um bom exemplo de determinação e de construção pessoal para dar o auxílio necessário. Outros buscarão ajuda médica ou psicológica, o que com certeza é muito útil, mas pode não ser o suficiente para alguns. A maioria, entretanto, recorre à espiritualidade.

Segundo uma pesquisa do Datafolha de 2017,[7] 90% dos brasileiros frequentam algum tipo de culto religioso, pelos mais variados motivos, como gostar de rezar ou orar; alguns vão porque ali se sentem bem, fortalecidos ou em paz; outros, para pedir uma graça, para ouvir pregações e sermões etc. Inclusive, 17% dos que frequentam alguma igreja, templo

---

[7] 90% DOS BRASILEIROS vão à igreja, a cultos ou serviços religiosos 17% frequentam mais de uma religião. **Folha de S. Paulo**, 5 maio 2007. Disponível em: https://datafolha.folha.uol.com.br/opiniaopublica/2017/05/1223863-90-dos-brasileiros-vao-a-igreja-a-cultos-ou-servicos-religiosos-17-frequentam-mais-de-uma-religiao.shtml. Acesso em: 31 jul. 2023.

ou serviço religioso costumam ser adeptos de mais de uma religião. Ou seja, fazem tudo isso em busca de renovação da fé e da esperança em qualquer segmento da vida.

Como o Brasil é um país de maioria cristã,[8] as igrejas, missas e cultos são a maioria escolhida pela população. Em 2022, 21 novas igrejas evangélicas abriram por dia no país,[9] tamanha é a necessidade e a procura da população por algo mais elevado que as ajude e dê o suporte e o apoio que buscam.

Antigamente, algumas igrejas eram muito apáticas ao falar sobre dinheiro e sobre empreender, e muitos líderes religiosos eram até mesmo contra a construção da riqueza por parte de seus membros. Muitos desses líderes utilizavam algumas passagens bíblicas com interpretação tendenciosa para justificar suas opiniões contrárias à liberdade financeira.

---

8 POR QUE Brasil está no topo de ranking de países onde mais se acredita em Deus. **BBC**, 22 maio 2023. Disponível em: https://www.bbc.com/portuguese/articles/c29r21r69j8o. Acesso em: 31 jul. 2023.

9 MELLO, B.; PORTINARI, N. Salto evangélico: 21 igrejas são abertas por dia no Brasil; segmento é alvo de Lula e Bolsonaro. **O Globo**, 18 set. 2022. Disponível em: https://oglobo.globo.com/politica/eleicoes-2022/noticia/2022/09/salto-evangelico-21-igrejas-sao-abertas-por-dia-no-brasil-segmento-e-alvo-de-lula-e-bolsonaro.ghtml. Acesso em: 31 jul. 2023.

EMPREENDA PELOS PRINCÍPIOS BÍBLICOS

Por diversas vezes, ouvi nos cultos de que participei, por exemplo, que em Mateus 8:20 Jesus disse: "O Filho do homem não tem nem onde repousar a cabeça", explicando que quem quer seguir a Jesus precisa ter em mente que não terá qualquer tipo de compensação material ou financeira por causa disso, já que Jesus, o Filho de Deus, era um homem que não possuía bens materiais.

Se lermos essa passagem em Mateus 8, vamos encontrar uma conversa entre Jesus e um escriba – um profissional que desfrutava de um imenso prestígio social no Egito –, em que esse escriba dizia a seu interlocutor: "Mestre, eu te seguirei por onde quer que fores". Em seguida, Jesus responde: "As raposas têm suas tocas e as aves do céu têm seus ninhos, mas o Filho do homem não tem onde repousar a cabeça" (Mateus 8:19-20).

Na verdade, Jesus humildemente respondeu que Ele era um homem muito simples e sem posses para ser seguido fisicamente por alguém tão rico e que tinha uma carreira brilhante, e que não poderia lhe oferecer nada em troca. Isso não tem nada a ver com a possibilidade de os seguidores de Cristo criarem riqueza e se tornarem pessoas de sucesso. Até mesmo porque a passagem não falava de alguém que queria seguir os conceitos espirituais, mas, sim, de seguir Jesus fisicamente, abandonando sua vida para caminhar com o Filho de Deus.

BUSQUE APOIO NA ESPIRITUALIDADE

Outra passagem bíblica bastante utilizada por alguns líderes religiosos é Mateus 19:16-30, para justificar o não acúmulo de riqueza e muito menos o alcance da liberdade empreendedora. "Digo-lhes a verdade: Dificilmente um rico entrará no Reino dos céus. E lhes digo ainda: é mais fácil passar um camelo pelo fundo de uma agulha do que um rico entrar no Reino de Deus" (Mateus 19:23-24). Novamente, esses versículos serviram para desestimular o cristão a buscar sua riqueza.

Alguns estudiosos bíblicos procuraram minimizar o efeito paradoxal da expressão "passar um camelo pelo fundo de uma agulha" reinterpretando o significado dos termos "camelo" e "fundo de uma agulha". Para eles, a palavra "camelo" não seria o animal propriamente dito, mas, sim, os termos "cabo" ou "corda" que se utilizava em navios.[10]

Sendo traduzidos do grego, os termos "camelo" (*kámelos*) e "cabo" (*kámilos*), como se pode ver, têm grafia semelhante. Por isso, é provável que tradutores do Novo Testamento tenham substituído o termo "cabo" por "camelo". Outra teoria que se popularizou diz que o termo "fundo de uma agulha" remete a uma portinhola lateral

---

10 FILGUEIRAS, G. 3 explicações sobre "passar um camelo pelo fundo de uma agulha". **Bíblia se ensina**, 6 mar. 2020. Disponível em: https://bibliaseensina.com.br/3-explicacoes-sobre-passar-um-camelo-pelo-fundo-de-uma-agulha/comment-page-2/. Acesso em: 3 ago. 2023.

EMPREENDA PELOS PRINCÍPIOS BÍBLICOS

bastante estreita, conhecida como "olho da agulha", que supostamente havia nos muros de Jerusalém. Era por ela que os pedestres passavam depois que os grandes portões da cidade se fechavam.[11] Embora não haja evidências de que se usava o termo na época de Cristo, essas teorias nos ajudam a melhor interpretar os dizeres dessa passagem.[12]

As palavras do versículo "passar um camelo pelo fundo de uma agulha" são uma expressão proverbial semelhante a várias outras usadas na Antiguidade para descrever uma completa impossibilidade.

Mas o que o texto de Mateus 19:16-30 deixa evidentemente claro é que o propósito de Jesus era levar Seus discípulos a entenderem a completa impossibilidade de alguém ser salvo enquanto ainda está apegado às próprias posses.

O problema não está nas riquezas em si, mas no apego indevido a elas. E quando o ser humano aceita o

---

11 TIMM, A. R. O que Jesus quiz dizer com a expressão "passar um camelo pelo fundo de uma agulha" (Mateus 19:24)? **Biblia.com.br**, jan./fev. 2003. Disponível em: https://biblia.com.br/perguntas-biblicas/o-que-jesus-quiz-dizer-com-a-expressao/. Acesso em: 3 ago. 2023.

12 ZIEMIŃSKA, A. The origin of the 'needle's eye gate' myth: theophylact or anselm? **New Testament Studies**, Cambridge, v. 68, n. 3, p. 358-361, 9 jun. 2022. Disponível em: https://www.cambridge.org/core/journals/new-testament-studies/article/origin-of-the-needles-eye-gate-myth-theophylact-or-anselm/51F6B1FD504C36C42D6201F6D8 7F83C3. Acesso em: 3 ago. 2023.

BUSQUE APOIO NA ESPIRITUALIDADE

convite à renúncia de si mesmo, aquilo que é "impossível aos homens" se torna possível ao poder transformador da graça divina.

Há outras passagens que são erroneamente utilizadas por alguns líderes religiosos para desestimular a construção de riqueza. Eu poderia citar mais alguns exemplos aqui, mas meu objetivo não é reinterpretar os dizeres de líderes de mente retrógrada.

O que quero deixar claro é que todo cristão precisa entender que Deus nunca foi contra a liberdade financeira nem diminui seus seguidores que buscam enriquecer por meio do empreendedorismo. Até mesmo porque na Bíblia é possível encontrar versículos que comprovam isso, como Deuteronômio 8:18: "Mas, lembrem-se do Senhor, do seu Deus, pois é ele que lhes dá a capacidade de produzir riqueza". E em Provérbios 13:11: "O dinheiro ganho com desonestidade diminuirá, mas quem o ajunta aos poucos terá cada vez mais". Inclusive, a própria Bíblia traz alguns conselhos sobre finanças aos fiéis, mas disso falarei mais adiante.

O que não se deve, é claro, é dar mais importância ao dinheiro do que a Deus. Quando passo a servir ao dinheiro, deixo de servir ao Senhor. E, pelo contrário, o dinheiro é quem precisa me servir. Talvez esse seja o motivo de tanta negatividade com relação à riqueza quando se interpreta as palavras bíblicas.

Mas, felizmente, tudo isso é coisa do passado! Com a constante mudança e a modernização da sociedade, principalmente em relação às crenças, a ideia de escassez que as igrejas propunham aos frequentadores também mudou.

Essa mudança de mentalidade da população e dos cristãos é algo que a própria Bíblia Sagrada já previa em Daniel 12:4: "Muitos irão ali e acolá para aumentarem o conhecimento". E foi em busca desse conhecimento que as igrejas e outros lugares religiosos voltaram a ter público.

De que a fé é um refúgio e um lugar de esperança, eu tenho certeza. Mas será que só isso basta para encontrar o sucesso no empreendedorismo? A Bíblia está repleta de boas palavras e conselhos para o empreendedor, mas ter apenas fé é suficiente?

DEUS NUNCA FOI CONTRA A LIBERDADE FINANCEIRA NEM DIMINUI SEUS SEGUIDORES QUE BUSCAM ENRIQUECER POR MEIO DO EMPREENDEDORISMO.

CAPÍTULO 3
A FÉ CARECE DE AÇÃO

Em Tiago 2:17 foi ensinado que "a fé, por si só, se não for acompanhada de obras, está morta". E é exatamente sobre o agir que quero falar neste capítulo.

Certa vez, fui convidado por um pastor para dar uma conferência sobre prosperidade em sua igreja. Um tema muito bom! Me preparei para o evento, fui animado ao templo e, para minha alegria, tudo transcorreu com perfeição: o local estava lotado, havia aproximadamente 1,5 mil pessoas ansiosas para me ouvir. Um público engajado, participativo; foi um verdadeiro sucesso.

O pastor ficou muito contente com a participação em massa de sua comunidade e ficou muito empolgado para continuar com mais conferências e ter seus fiéis

O QUE VOCÊ TEM FEITO PARA DEUS REAGIR EM PROL DA SUA JORNADA EMPREENDEDORA?

participando dos encontros. Por isso, me convidou para continuar palestrando em sua igreja, mas, da vez seguinte, com um tema um pouco mais técnico: como empreender com princípios cristãos. Uma nova data foi marcada, novamente eu me preparei para palestrar e estava animado. Chegou o dia da conferência e foi uma decepção: dos 1,5 mil participantes do evento anterior, dessa vez só havia 80, em um cálculo otimista.

Eu compartilho essa história para exemplificar o que percebo em muitos cristãos: todos têm fé, acreditam em Deus e em milagres; esvaziam seus corações em suas orações, confiam que Deus proverá... e ainda assim não possuem os bons resultados que tanto desejam e pedem. Eles esperam que Deus entregue tudo a eles só pela fé, esperam e acreditam no milagre sem ação.

É preciso ter em conta que Deus é muito mais de reação que de ação. Isso quer dizer que Deus reage aos nossos esforços, ao nosso trabalho, à nossa busca.

O que você tem feito para Deus reagir em prol da sua jornada empreendedora?

Lembro-me de que, quando eu era criança, tinha um amigo na escola. Durante um recreio, nós brigamos, trocando socos e pontapés no meio do pátio. Fomos separados pelo inspetor de alunos e levados à diretoria. O diretor nos fez uma pergunta óbvia: "Por que vocês brigaram?". E eu respondi: "Brigamos porque ele me provocou!". Quando você provoca uma pessoa, você estimula nela alguma reação – ela sai de seu estado normal para outro, rapidamente.

Isso quer dizer que eu estava no meu estado normal, quando meu amigo começou a fazer piadas e brincadeiras porque eu não sabia jogar futebol (e confesso que ainda não sei!), e isso fez com que eu tivesse uma reação negativa.

Trago esse exemplo para ilustrar a ideia de provocação e de reação – quem é provocado acaba automaticamente tendo algum tipo de reação –, seja negativa, seja positiva. E quero levar você a uma reflexão: Jó traz a ideia de uma provocação positiva a Deus, fala sobre alguém que tem atitudes positivas em sua relação com Deus a ponto de Ele dar a entender que trará segurança e colocará tudo em Suas mãos.

Sinceramente, eu não consigo expressar em palavras aqui o meu entendimento quando alguém se refere a Deus como o Dono da totalidade, dizendo que Ele nos dará segurança. Que segurança seria essa? Algo incrivelmente grande e até mesmo inimaginável, uma proteção divina enorme. E colocar tudo em Suas mãos? É como se Ele dissesse que realizaria todos os meus desejos, vontades, o meu querer, tudo mesmo, até o que ainda não sei, o impensável. Tudo isso apenas por eu ter provocado a Deus? Isso mesmo!

O que é provocar Deus? Em Tiago 4:8, encontramos: "Aproximem-se de Deus, e ele se aproximará de vocês!". Por esse motivo, é possível compreender a aplicabilidade dos princípios cristãos no empreendedorismo: empreenda com base bíblica e o apoio do seu círculo social não será necessário, porque Deus estará contigo.

É exatamente por isso que, sempre que estou em convenção, junto de meus colaboradores e franqueados, no maior evento de minha empresa, ou até mesmo em qualquer outra reunião formal, gosto de começar o encontro com a frase: "Declaro que Jesus Cristo é o Senhor desta empresa". É com Ele e para Ele que empreendo.

Em Josué 1:9, lemos: "Seja forte e corajoso! Não se apavore, nem se desanime, pois o Senhor, o seu Deus, estará com você por onde você andar". Mais uma vez encontramos Deus dizendo que é preciso que nos esforcemos e que tenhamos ânimo para que a reação, a presença de Deus, esteja conosco.

No início deste capítulo, quando eu me referia à conferência de prosperidade, falava de um evento que

É PRECISO QUE NOS ESFORCEMOS E QUE TENHAMOS ÂNIMO PARA QUE A REAÇÃO, A PRESENÇA DE DEUS, ESTEJA CONOSCO.

tinha apenas a participação passiva das pessoas, que estavam ali somente para ouvir que seriam atendidas por Deus e que teriam a vida abençoada. Já na conferência de como empreender com princípios cristãos, a quantidade de participantes caiu drasticamente porque ali era necessário aprender, colocar a mão na massa e sair da zona de conforto para ter uma vida abençoada.

Ter uma vida abençoada não significa não ter problemas! Ter uma vida abençoada significa que a vida será conduzida por Deus e que os obstáculos farão parte dela, mas, se houver fé, será possível saber como sair de cada situação ainda mais forte, com a reação de Deus na vida de cada um de nós.

Quando vemos, por exemplo, Davi, no Salmo 23:1, dizendo "o Senhor é meu pastor; de nada terei falta", ele decreta que, se Deus é a quem sirvo e confio, eu com certeza terei uma vida boa. A profundidade do "de nada terei falta" vai ainda mais adiante.

Nos versículos seguintes, encontramos "Mesmo quando eu andar por um vale de trevas e morte, não temerei perigo algum, pois tu estás comigo; a tua vara e o teu cajado me protegem" (Salmos 23:4); ou seja, mesmo nos momentos da vida em que enfrentar os problemas e obstáculos, a ponto de quase morrer, ainda assim confie, que Deus o salvará.

Davi, quando se refere ao "vale de trevas e morte", fala isso de modo racional, entendendo que, por mais que tenhamos uma vida de bênçãos, teremos momentos bons e ruins – vida abundante e escassez.

No entanto, Davi dá a entender que Deus é o Deus que conhece todas as coisas em todos os tempos. O próprio Cristo disse, em Hebreus 13:8, que Ele era o mesmo ontem (passado), hoje (presente) e eternamente (futuro). É por isso que o empreendedor busca a Deus: pois ele reconhece que somente Nele encontrará a orientação e sabedoria necessárias para prosperar em sua jornada empresarial. Dentro desse contexto, é importante compreender o conceito de milagre e o de bênção.

O milagre é uma manifestação da glória de Deus em nossa vida, onde Ele age de maneira sobrenatural e realiza algo que vai além da intervenção humana. O que caracteriza a glória de Deus é a Sua presença, carregada de bondade, graça e compaixão. É por meio dos milagres que testemunhamos o poder divino agindo em nosso favor, transformando situações impossíveis em realidades concretas.

A bênção, por outro lado, é o resultado da nossa parceria com Deus. Nós somos os protagonistas de nossa jornada, mas Ele é o nosso fio condutor. Buscar uma vida

NÃO PODEMOS SIMPLESMENTE ESPERAR QUE DEUS FAÇA TUDO POR NÓS SEM TOMAR NENHUMA ATITUDE.

A FÉ CARECE DE AÇÃO

abençoada significa alinhar nossos sonhos e projetos com os princípios e propósitos divinos. É transformar desejo em ação, dando vida e existência ao que antes era apenas uma ideia. Ao trazer nossos empreendimentos para a perspectiva cristã, permitimos que Deus direcione nossos passos e abra portas que jamais poderíamos abrir sem a ajuda Dele.

No entanto, é importante destacar que a fé sem obras é morta, como nos ensina a carta de Tiago. Não podemos simplesmente esperar que Deus faça tudo por nós sem tomar nenhuma atitude. Deus é um Deus de reação, Ele responde aos nossos esforços, ao nosso trabalho e à nossa busca. Assim como na história do meu encontro com o pastor, percebemos que somente a fé não é suficiente para alcançar resultados. É preciso agir, colocar a mão na massa e buscar a excelência em nossos empreendimentos.

Provocar Deus, como mencionado em Jó 12:6, implica ter atitudes positivas em nossa relação com Ele. Significa nos aproximarmos Dele com fé e determinação, buscando Sua orientação e colocando em prática os princípios que encontramos em Sua palavra.

Ao nos esforçarmos e termos bom ânimo, como nos incentiva Josué 1:9, despertamos a reação de Deus em nossa vida, Sua presença se manifesta de maneira poderosa e somos fortalecidos em nossa jornada empreendedora.

Ter uma vida abençoada não significa estar isento de problemas, mas, sim, ter a certeza da presença de Deus em todas as circunstâncias. Confiar que Ele é nosso pastor e nada nos faltará é uma declaração de fé que nos sustenta nos momentos difíceis. Mesmo quando atravessamos o vale de trevas e morte, confiamos que Deus está conosco, nos consolando e nos guiando em meio às adversidades.

Portanto, ao empreender com princípios cristãos, assunto em que me aprofundarei a seguir, reconhecemos que Deus é o centro de nossa jornada, e por isso buscamos Sua orientação em todas as áreas da vida. Entendemos que os milagres acontecem quando permitimos que a glória de Deus se manifeste em nossas ações, e as bênçãos são fruto de nossa parceria com Ele.

Com fé, ação e a provocação positiva de Deus, podemos trilhar uma jornada empreendedora abençoada, enfrentando os desafios com coragem e confiança Naquele que é o autor e o consumador da nossa fé – mesmo que quase ninguém nos entenda ou apoie.

ENTENDEMOS QUE OS MILAGRES ACONTECEM QUANDO PERMITIMOS QUE A GLÓRIA DE DEUS SE MANIFESTE EM NOSSAS AÇÕES.

CAPÍTULO 4
TENHA OS PRINCÍPIOS DIVINOS COMO GUIA

Se são a fé e a ação que darão o devido apoio e auxílio para as realizações do empreendedor, a Bíblia, por consequência, é a responsável por trazer as orientações do caminho a percorrer em busca das realizações no mundo empresarial.

Empreender com princípios cristãos é uma abordagem que procura integrar a fé e os ensinamentos bíblicos com as práticas empresariais. E isso envolve a aplicação dos valores cristãos e éticos na condução dos negócios, levando em consideração a responsabilidade social, a integridade e o cuidado com as pessoas envolvidas no empreendimento.

E quando digo para você empreender tendo como base os princípios cristãos, é porque estou certo de que assim você contará com a espiritualidade para lhe dar o apoio que busca, o que gerará mais segurança para você investir no seu novo negócio. Para isso é necessário compreender que todas as áreas da vida, incluindo a profissional, devem ser guiadas pelos princípios divinos.

A Bíblia é uma rica fonte de orientação para os empreendedores cristãos; ela fornece exemplos de líderes justos, sabedoria empreendedora e ensinamentos sobre ética e responsabilidade. No caminho do empreendedorismo baseado em princípios cristãos, é essencial compreender e viver cada etapa do processo de construção e desenvolvimento do negócio.

A partir de agora, em cada capítulo, explorarei essas etapas e sua relevância para o sucesso do empreendimento.

CONQUISTAR A GENIALIDADE DIVINA

Antes de mergulhar nas etapas do empreendimento, é fundamental preparar a mente e o espírito. Buscar inspiração nos comportamentos de Jesus e no exemplo do apóstolo Paulo pode lhe trazer insights valiosos.

NO CAMINHO DO EMPREENDEDORISMO BASEADO EM PRINCÍPIOS CRISTÃOS, É ESSENCIAL COMPREENDER E VIVER CADA ETAPA DO PROCESSO DE CONSTRUÇÃO E DESENVOLVIMENTO DO NEGÓCIO.

Jesus demonstrou amor, compaixão, humildade e perseverança, qualidades essenciais para qualquer empreendedor cristão. Paulo, por sua vez, destacou a importância da transformação pessoal e da renovação da mente.

Ao adotar esses comportamentos, o empreendedor se alinha com os princípios divinos e se torna um instrumento eficaz na condução de seu negócio.

DESENVOLVER A GOVERNANÇA

Assim como José foi capacitado por Deus para liderar e governar o Egito, o empreendedor cristão também deve desenvolver habilidades de governança. Isso envolve ser sonhador, bom administrador e excelente líder, e saber fazer as alianças certas, sem esquecer a capacidade de ser autêntico, íntegro e visionário – características e habilidades que encontramos em José do Egito.

A governança correta e baseada nos princípios bíblicos é crucial para o crescimento e a sustentabilidade do empreendimento.

INICIAR A JORNADA

Assim como Tiago nos ensina a importância do exercício da fé com paciência e constância, o empreendedor deve dar os primeiros passos, colocando suas ideias em

TENHA OS PRINCÍPIOS DIVINOS COMO GUIA

prática. É nesse momento que se coloca mãos à obra, a hora de criar o seu produto ou serviço e iniciar sua empresa. A fé se manifesta através da confiança em Deus e na capacidade de superar os desafios iniciais com resiliência.

COMPREENDER E VIVER AS ETAPAS

Assim como Deus criou o mundo em etapas, todo empreendimento também passará por fases importantes e decisivas. É essencial conhecer essas etapas e vivê-las plenamente.

O empreendedor deve estar disposto a investir tempo e esforço para planejar, pesquisar, testar, aprender e ajustar o negócio. Essas etapas incluem:

- identificar o público-alvo;
- desenvolver uma proposta de valor única;
- criar um plano de negócios sólido;
- estabelecer parcerias estratégicas;
- implementar estratégias de marketing eficazes;
- avaliar constantemente os resultados.

ATUALIZAR-SE COM O MUNDO MODERNO

Por fim, o empreendedor cristão deve reconhecer a importância de atualizar-se com o mundo moderno e adotar tecnologia e inteligência em seu negócio.

EMPREENDA PELOS PRINCÍPIOS BÍBLICOS

Embora os tempos bíblicos tenham sido diferentes, o mundo está em constante evolução, e é fundamental acompanhar essas mudanças.

Aproveitar as ferramentas e recursos disponíveis, como mídias sociais, marketing digital, análise de dados e automação de processos, pode impulsionar o crescimento e a eficiência do empreendimento, desde que estejam alinhados aos princípios cristãos e valores éticos.

Empreender com princípios cristãos não significa excluir os desafios e as dificuldades do mundo dos negócios. Pelo contrário, envolve encarar esses desafios com fé, confiança em Deus e busca pela excelência.

Os empreendedores cristãos procuram equilibrar o sucesso empresarial com a fidelidade a Deus e o serviço aos outros, reconhecendo que suas ações têm implicações não apenas em sua própria vida, mas também no Reino de Deus e no bem-estar da sociedade.

Ao compreender e viver cada uma dessas etapas, o empreendedor cristão terá uma base sólida para o sucesso de seu empreendimento. Ao unir princípios bíblicos com as melhores práticas de negócios, você estará alinhado com a vontade de Deus e terá uma abordagem holística do empreendedorismo. Vale lembrar que, além do sucesso material, o objetivo final é honrar a Deus e contribuir positivamente para a sociedade.

AO UNIR PRINCÍPIOS BÍBLICOS COM AS MELHORES PRÁTICAS DE NEGÓCIOS, VOCÊ ESTARÁ ALINHADO COM A VONTADE DE DEUS E TERÁ UMA ABORDAGEM HOLÍSTICA DO EMPREENDEDORISMO.

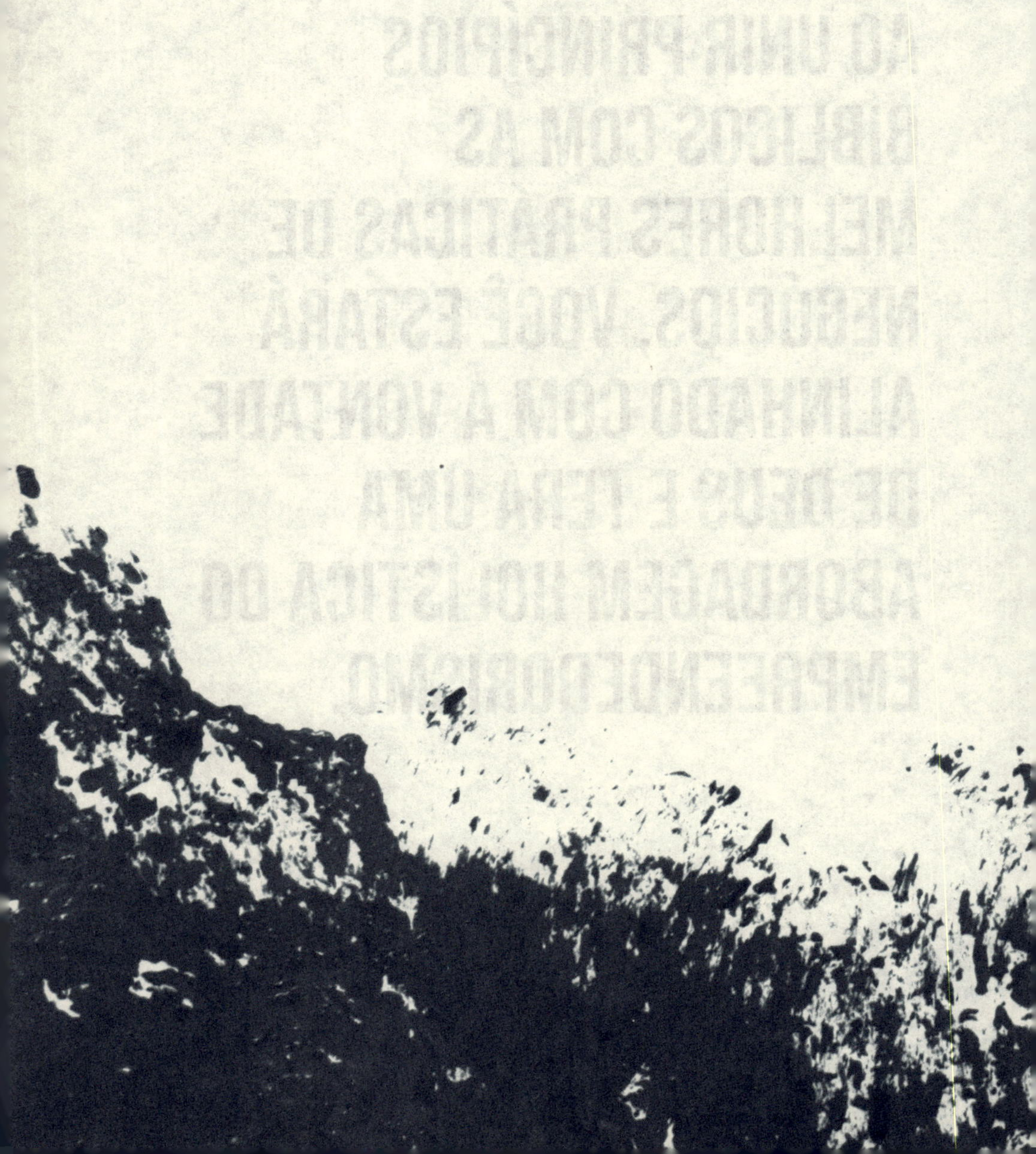

CAPÍTULO 5
EMPREENDA COM A MENTALIDADE DE CRISTO

Colega empreendedor, este capítulo é um dos mais importantes de todo o livro! Aqui, vou falar sobre o primeiro passo do método que já foi explicado de modo geral anteriormente, e tudo o que será explanado aqui vem ao encontro do empreendedor com base em princípios cristãos.

Antes de empreender, é preciso conquistar a genialidade divina e adotar o comportamento de Jesus, ou seja, é preciso ter a mentalidade de Cristo. Antes de pensar em abrir um negócio, ou dar passos maiores caso ele já exista, é preciso preparar a mente e o espírito para esse momento. Ter a mente de Cristo é o centro dessa preparação.

E o que é ter a mente de Cristo? Ter a mente de Cristo é buscar desenvolver a mesma maneira de pensar e de agir que Jesus. Todo cristão deveria viver a vida tendo essa mentalidade e, no nosso caso, empregá-la na nossa jornada empreendedora também.

Para obter a chamada "mente de Cristo", eu diria que é preciso levar em consideração três importantes histórias: a de João Batista, o exemplo do apóstolo Paulo e a águia em *Isaías*. A partir delas, teremos a compreensão do que é ter a mente divina.

A HISTÓRIA DE JOÃO BATISTA

João Batista foi um profeta enviado por Deus para ser o precursor de Jesus na Terra. Sua função era preparar as pessoas para uma nova direção e pregar o Evangelho ao povo, preparando-o, assim, para a salvação e a vida eterna. João tinha uma personalidade firme, decidida e focada. Nada era capaz de distraí-lo da missão de preparar o coração do povo para receber a boa nova da vinda do Messias.

Porém, ao falar com a população sobre suas ideias e propor o batismo e o arrependimento dos pecados, suas palavras eram sempre duras, frias e até mesmo excludentes. João dizia às multidões que saíam para serem batizadas por ele:

> Raça de víboras! Quem lhes deu a ideia de fugir da ira que se aproxima? Deem frutos que mostrem o arrependimento. E não comecem a dizer a si mesmos: "Abraão é nosso pai". Pois eu lhes digo que destas pedras Deus pode fazer surgir filhos a Abraão (Lucas 3:7-8).

João pregava sobre o evangelho do arrependimento, avisando duramente que Deus pune o pecado e que ninguém poderia escapar apenas por ser judeu de nascimento. Ele dizia ao povo de Israel: "O machado já está posto à raiz das árvores, e toda árvore que não der bom fruto será cortada e lançada ao fogo" (Mateus 3:10). Neste trecho, João Batista é duro com os judeus que considera corruptos. Segundo ele, essas pessoas deveriam ser derrubadas.

João Batista acreditava que seu jeito de durão e sua rigidez com as palavras eram decorrentes da responsabilidade que tinha com sua missão. Jesus, no entanto, também tinha grande responsabilidade, mas preferia acolher Seus interlocutores através de palavras e atitudes mais inclusivas, pois amava a todos sem distinção. Isso fazia com que todos conseguissem reconhecer Nele sua capacidade de inclusão e de união, o que é primordial dentro de um negócio.

PERMITIR-SE SER APRENDIZ É UMA CARACTERÍSTICA QUE TODO EMPREENDEDOR PRECISA TER.

EMPREENDA COM A MENTALIDADE DE CRISTO

Essa qualidade era tão visível em Cristo que fez com que Seu próprio precursor, João Batista, duvidasse que Jesus fosse mesmo o grande Messias. Afinal de contas, a ideia de ser amável com o diferente era impensável na época.

Quando João Batista foi encarcerado, enviou dois discípulos para questionar se Jesus era realmente o enviado de Deus, ou se teriam que esperar a vinda de outro, mesmo tendo todas as provas da veracidade de Cristo. O seguinte aconteceu:

> Assim que Jesus foi batizado, saiu da água. Naquele momento os céus se abriram, e ele viu o Espírito de Deus descendo como pomba e pousando sobre ele. Então uma voz dos céus disse: "Este é o meu Filho amado, em quem me agrado" (Mateus 3:16-17).

Ou seja, alguém que viu a materialização do Espírito Santo e ouviu a voz do próprio Deus chegou a sentir dúvidas de que Jesus era mesmo o Messias. Tudo isso por causa de tamanha disrupção que Ele tinha para conduzir o povo de maneira bastante inclusiva, e claro que isso podia causar estranheza em João Batista.

De acordo com os relatos bíblicos, Jesus mandou dizer a João Batista, por meio de seus discípulos que o procuraram:

EMPREENDA PELOS PRINCÍPIOS BÍBLICOS

> Voltem e anunciem a João o que vocês estão ouvindo e vendo: os cegos veem, os mancos andam, os leprosos são purificados, os surdos ouvem, os mortos são ressuscitados, e as boas novas são pregadas aos pobres (Mateus 11:4-5).

Note que, na resposta, Jesus trouxe à tona as obras que estava realizando, obras essas que claramente O tornavam diferente aos olhos da época.

É essa disrupção mental que todo empreendedor precisa ter: a capacidade de compreender o diferente e de agir com engajamento, provocando a união e a motivação de todos os que compõem o negócio (desde o colaborador até o cliente), tendo atitudes de inclusão, acolhimento e respeito.

O EXEMPLO DO APÓSTOLO PAULO

O apóstolo Paulo, embora não fosse compreendido pela maioria do povo, tinha um comportamento bastante disruptivo para sua época. Ele saiu do tradicionalismo dos povos grego e gentio, trazendo à tona uma nova forma de interpretar e de falar do Evangelho para a população. Ele viajou pelo mundo antigo, pregando em cidades como Atenas, Roma e Corinto, e escreveu várias epístolas que se tornaram parte do Novo Testamento.

Paulo, que até sua experiência com o Senhor era conhecido como Saulo, nasceu em Tarso, atual Turquia, por volta do ano 5 d.C. Ele era um judeu fariseu que inicialmente perseguiu os seguidores de Jesus, mas teve uma visão que o transformou em um dos maiores pregadores do cristianismo.[13]

Paulo não era compreendido pela massa, mas isso não o impediu de seguir em frente. Ele entendeu os tempos em que vivia e se adaptou às mudanças, o que é fundamental para qualquer empreendedor que deseja ter sucesso. É preciso estar atento às tendências e às necessidades do mercado, e ser capaz de se adaptar rapidamente a elas para não ficar para trás.

Além disso, Paulo tinha duas grandes qualidades: a capacidade de aprender e a de aplicar o que aprendeu. E é isso que precisamos fazer também.

> Sou judeu, nascido em Tarso da Cilícia, mas criado nesta cidade. Fui instruído rigorosamente por Gamaliel na lei de nossos antepassados, sendo tão zeloso por Deus quanto qualquer de vocês hoje (Atos 22:3).

Antes de conhecer a Jesus, Paulo atribuiu a Gamaliel seu aprendizado sobre a vida, os costumes e principalmente as leis, e dizia que estava aos pés de Gamaliel, reconhecendo a grandeza de seu professor.

---

13 Atos 9.

EMPREENDA PELOS PRINCÍPIOS BÍBLICOS

Isso serve para nós, nos dias atuais: todo empreendedor precisa aprender a aprender. E a principal maneira de fazer isso é através do exercício da humildade nas relações, como Paulo fez. Não podemos aprender algo novo se nos colocamos em uma posição acima de quem se propõe a nos ensinar. Seja esse aprendizado por meio de aulas, livros, palestras ou cursos, nos colocar acima de quem ensina até pode nos ajudar a ouvir, mas não nos permite absorver o aprendizado.

Quando Paulo disse que estava aos pés de Gamaliel, estava dando a liberdade ao mestre para que ele o tratasse como seu aprendiz e, assim, pudesse ensinar tudo o que sabia sem conflitos na relação. Permitir-se ser aprendiz é uma característica que todo empreendedor precisa ter.

O apóstolo adquiriu também a segunda principal habilidade de um empreendedor: a aplicabilidade. Com o tempo, Paulo tornou-se um grande apóstolo de Jesus e disse algo interessante em 1 Coríntios 2:16: "'quem conheceu a mente do Senhor para que possa instruí-lo?' Nós, porém, temos a mente de Cristo".

Perceba que Paulo está aplicando sua forma de interpretar um novo tempo quando solicita que outro instrua o povo, pois os gregos e os gentios estavam acomodados com os padrões da época. E Paulo, sabendo que ele e seus seguidores já estavam em outro patamar com a mente de Cristo, deixa o fato claro ao solicitar que outro ensine aos fariseus.

Além disso, o Evangelho de Jesus Cristo é contrário ao método que o Império Romano usava: a violência. Paulo e seus companheiros pregavam o Evangelho com afetuosidade: "tornamo-nos bondosos entre vocês, como uma mãe que cuida dos próprios filhos" (1 Tessalonicenses 2:7). Assim, ele aplicava o que aprendera com os ensinamentos de Jesus, e aplicar o que aprendeu é fundamental para o exercício de todo empreendedor.

A ÁGUIA EM ISAÍAS

Como está escrito em Isaías 40:31, precisamos ser como a águia: "Mas aqueles que esperam no Senhor renovam as suas forças. Voam bem alto como águias; correm e não ficam exaustos, andam e não se cansam". Esse é um método divino bastante interessante para a vida empreendedora.

Quando o trecho diz "aqueles que esperam no Senhor", refere-se não ao ato de esperar, de ficar parado, mas, sim, ao de confiar em Deus. Quando aplicamos isso na vida empreendedora, entendemos que Deus está nos fazendo uma proposta para usarmos o método Dele, porque Ele sabe o que fazer.

"Voam bem alto como águias." As águias são aves que possuem uma visão superpotente, além de uma audição incrível, e, por alçar grandes voos, têm menos chances de serem atacadas. Os dois principais sentidos para o mundo dos negócios as águias têm de sobra: sabem enxergar e ouvir muito bem.

Quando as pessoas me perguntam qual é o segredo de uma vida empreendedora de sucesso, eu costumo dizer: "treine bem seus ouvidos para poder captar quando ouvir alguma coisa interessante, e treine bem seus olhos para poder observar quando vir algo interessante e, assim, poder se tornar competitivo".

No mundo empreendedor, quem é como a águia consegue ver e ouvir as oportunidades que quase ninguém está percebendo. Tamanha é a grandeza da águia que o único animal que se arrisca a atacá-la é o corvo. Ela tem uma das estratégias mais interessantes que já vi: vence o oponente voando ainda mais alto que ele, fazendo-o perder a capacidade de respirar e assim cair sozinho por falta de oxigênio, sem que ela precise lutar ou gastar tempo e energia.

Colocando em outras palavras: já imaginou saber que o oponente morre não pelo esforço que você faz, mas, sim, sozinho? E que ele passa os últimos segundos de vida vendo você voar ainda mais alto? Acho que esse deve ser o sonho de todo empreendedor competitivo quando se sente atacado.

Já em "correm e não ficam exaustos, andam e não se cansam" parece até que Deus nos quer como super-heróis, o dia inteiro contornando cada perigo dentro da empresa: clientes insatisfeitos, time pouco engajado, impostos a pagar, mil questões a resolver etc.

Ficar cansado faz parte da jornada. São tantos percalços, mudanças, problemas e obstáculos que cansamos só de pensar. Imagine viver cada uma dessas situações? É por isso que trazer Deus para o empreendedorismo é importante: vamos passar por essas situações, mas Ele nos fará sempre mais fortes.

Diante dessas passagens, fica a pergunta: como conquistamos a genialidade divina e o comportamento de Jesus? Conforme está escrito em Romanos 12:2:

> Não se amoldem ao padrão deste mundo, mas transformem-se pela renovação da sua mente, para que sejam capazes de experimentar e comprovar a boa, agradável e perfeita vontade de Deus.

A conquista da genialidade divina e a adoção do comportamento de Jesus são passos fundamentais para o empreendedorismo com princípios cristãos. Ao depositar nossa confiança em Deus, adotar a mente de

EMPREENDA PELOS PRINCÍPIOS BÍBLICOS

Cristo, renovar nossa mente e buscar constantemente a vontade divina, estamos construindo uma base sólida para o sucesso nos negócios.

Que possamos nos dedicar a conquistar a genialidade divina em nossa vida e em nossos empreendimentos, para glorificar a Deus e alcançar todo o potencial que Ele nos reservou.

TREINE BEM SEUS OUVIDOS PARA PODER CAPTAR QUANDO OUVIR ALGUMA COISA INTERESSANTE, E TREINE BEM SEUS OLHOS PARA PODER OBSERVAR QUANDO VIR ALGO INTERESSANTE E, ASSIM, PODER SE TORNAR COMPETITIVO.

CAPÍTULO 6
ADOTE A GOVERNANÇA NOS NEGÓCIOS

O segundo passo do método que proponho para o empreendedorismo com princípios cristãos é desenvolver a governança nos negócios. Para ilustrar a importância desse passo, vou falar sobre a história de José do Egito.

José era um homem autêntico, íntegro e visionário que tinha credibilidade em suas falas e ações. Além disso, possuía importantes habilidades para um governante: era sonhador, bom administrador, excelente líder e sabia fazer as alianças certas – características fundamentais para uma boa governança.

A história de José do Egito é um exemplo inspirador de como a governança é fundamental para o sucesso nos negócios. Enquanto a liderança se concentra em inspirar e motivar as pessoas, valorizando e estimulando o melhor de cada um, a governança, além de se concentrar nos aspectos de liderança, estabelece regras, processos e sistemas que permitem que a empresa funcione com eficiência e eficácia.

Um empreendedor cuja base são os princípios cristãos deve desenvolver habilidades de governança para garantir que sua empresa seja bem administrada e que seus valores sejam mantidos em todas as suas operações. Isso significa estabelecer regras claras para a empresa, desenvolver sistemas de gestão de recursos e garantir que todos os procedimentos sejam realizados com integridade e honestidade.

Para compreender as características essenciais de governança que todo empreendedor precisa adquirir, é preciso conhecer a história das cinco capas de José do Egito. A capa, no contexto bíblico, representava, em alguns casos, a autoridade de quem a usava.

A PRIMEIRA CAPA DE JOSÉ

A primeira capa que José teve foi um presente de seu pai, Jacó.

> Ora, Israel gostava mais de José do que de qualquer outro filho, porque lhe havia nascido em sua velhice; por isso mandou fazer para ele uma capa longa. Quando seus irmãos viram que o pai gostava mais dele do que de qualquer outro filho, odiaram-no e não conseguiam falar com ele amigavelmente (Gênesis 37:3-4).

Essa capa era muito bonita, de várias cores, mas não durou muito devido à inveja e ao ódio de seus irmãos, que, na tentativa de matá-lo e mostrar ao pai que José estava morto, devolveram a capa toda suja de sangue de ovelhas.

E qual seria a razão para José ser o preferido do pai e despertar a inveja e o ódio dos irmãos? A sua autenticidade! Segundo o dicionário da língua portuguesa, ser autêntico significa ser verdadeiro, legítimo e genuíno.[14] É um adjetivo que caracteriza aquilo que não deixa dúvidas, que é real, e José era exatamente assim em suas ações.

O ódio e a inveja dos irmãos de José ficam bem claros em Gênesis 37:5-9, quando o jovem conta a eles um sonho que teve e que apenas incitou ainda mais o sentimento ruim que tinham por ele.

---

14 AUTÊNTICO. *In*: iDICIONÁRIO Aulete. Rio de Janeiro: Lexicon, 2019. Disponível em: https://www.aulete.com.br/autêntico. Acesso em: 4 ago. 2023.

EMPREENDA PELOS PRINCÍPIOS BÍBLICOS

"Ouçam o sonho que tive", disse-lhes. "Estávamos amarrando os feixes de trigo no campo, quando o meu feixe se levantou e ficou em pé, e os seus feixes se ajuntaram ao redor do meu e se curvaram diante dele." Seus irmãos lhe disseram: "Então você vai reinar sobre nós? Quer dizer que você vai governar sobre nós?". E o odiaram ainda mais, por causa do sonho e do que tinha dito. Depois teve outro sonho e o contou aos seus irmãos: "Tive outro sonho, e desta vez o Sol, a Lua e onze estrelas se curvavam diante de mim" (Gênesis 37: 5-9).

Note que os irmãos já percebiam a governança em José, e uma forte característica de um governante é não se acovardar diante de críticas ou dúvidas.

Os irmãos achavam José arrogante. É preciso tomar cuidado quando estamos falando da diferença entre um homem autêntico e um homem arrogante. O arrogante fala do que não é. Sentir-se maior e/ou melhor diante de algo ou alguém sem realmente ser é altivez e prepotência, é demonstrar falta de interesse em ouvir outras opiniões por ter a convicção de que se é expert em vários assuntos. Já o autêntico é fiel diante do seu posicionamento, e o que difere José de ser autêntico e não arrogante é o fato de ele não ter sido prepotente diante de sua verdade.

José era fiel ao que havia sonhado, e ser sonhador é uma habilidade importante ao empreendedor governante. O preço que todo homem que se prepara para exercer a governança em algum momento tem que pagar é sofrer discriminação. Todo governante pagará um preço alto por sua autenticidade, assim como José, que foi vendido por seus irmãos ao povo ismaelita para tirá-lo de casa. José perdeu sua primeira capa por causa da sua autenticidade.

A SEGUNDA CAPA DE JOSÉ

José foi vendido por seus irmãos ao povo ismaelita e chegou à casa do egípcio Potifar, que percebeu nele uma grande habilidade em administrar e prosperar no que fazia e acabou confiando seus bens a José, tanto em casa quanto no campo. A segunda capa de José foi dada por Potifar. Ser um bom administrador é mais uma característica essencial do empreendedor governante.

A esposa de Potifar se interessou pelo rapaz e propôs deitar-se com ele. Novamente, José perdeu sua capa, que ficou na mão da mulher durante as investidas: "Ela o agarrou pela capa e disse: 'Venha, vamos para cama'. Mas ele escapou e correu para fora, deixando a capa nas mãos dela" (Gênesis 39:12 Nova Tradução da Linguagem de Hoje (NTLH)).

Fica claro que José não trocou seu propósito por uma proposta. Quase sempre as propostas têm recompensas momentâneas e rápidas; já o propósito tem recompensas maiores e de grande relevância.

QUASE SEMPRE AS PROPOSTAS TÊM RECOMPENSAS MOMENTÂNEAS E RÁPIDAS; JÁ O PROPÓSITO TEM RECOMPENSAS MAIORES E DE GRANDE RELEVÂNCIA.

ADOTE A GOVERNANÇA NOS NEGÓCIOS

Ser fiel ao seu propósito é um tema citado em outros momentos na Bíblia. Um exemplo é a história de Jesus no deserto, que encontramos em Lucas 4:1-13.

> Jesus, cheio do Espírito Santo, voltou do Jordão e foi levado pelo Espírito ao deserto, onde, durante quarenta dias, foi tentado pelo diabo. Não comeu nada durante esses dias e, ao fim deles, teve fome. O diabo lhe disse: "Se você é o Filho de Deus, mande a esta pedra que se transforme em pão". Jesus respondeu: "Está escrito: 'Nem só de pão viverá o homem'". O diabo o levou a um lugar alto e mostrou-lhe em um relance todos os reinos do mundo. E lhe disse: "Eu lhe darei toda a autoridade sobre eles e todo o seu esplendor, porque me foram dados e posso dá-los a quem eu quiser. Então, se você me adorar, tudo será seu". Jesus respondeu: "Está escrito: 'Adore o Senhor, o seu Deus e só a ele preste culto'". O diabo o levou a Jerusalém, colocou-o na parte mais alta do templo e lhe disse: "Se você é o Filho de Deus, jogue-se daqui para baixo. Pois está escrito: 'Ele dará ordens a seus anjos a seu respeito, para lhe guardarem; com as mãos eles os segurarão, para que você não tropece em alguma pedra'". Jesus respondeu: "Dito está: 'Não ponha à prova o Senhor, o seu Deus'". Tendo terminado todas essas tentações, o diabo o deixou até ocasião oportuna.

Como podemos ver nessa passagem, Jesus se mostra firme com Seu propósito – Sua preparação espiritual no deserto – e não o troca por nenhuma proposta.

Um homem fraco troca seu propósito por uma proposta, por uma recompensa rápida. Isso é contado em Gênesis 27:19-30, na história de Esaú e Jacó. Jacó compra do irmão gêmeo Esaú o direito de primogenitura, ou seja, de ser considerado o mais velho. Esaú, por ser o mais velho, tinha o direito de governança familiar, mas, por fome, trocou seu propósito por uma proposta – um prato de lentilhas –, perdendo então seu propósito maior.

É claro que nem toda proposta é ruim, por isso é necessário analisar cada caso. Entretanto, todo governante precisa tomar cuidado, pois muitas propostas podem ter recompensas imediatas e geralmente o propósito traz consigo transformações grandes e impactantes para a vida e a sociedade.

A TERCEIRA CAPA DE JOSÉ

A terceira capa de José é uma analogia que preciso fazer aqui, porque não se trata exatamente da vestimenta (a capa), mas, sim, da autoridade que veio como consequência de seus atos. Nesse momento, José "veste a capa" da liderança.

José deixou a segunda capa na mão da esposa de Potifar. Por ter escapado da casa dele, foi considerado um escravizado fugitivo e foi perseguido. Acabou sendo capturado pela guarda e mandado ao calabouço da cidade.

Lá, conquistou a simpatia do carcereiro e tornou-se líder diante de outros prisioneiros, mantendo a ordem do lugar:

> Por isso o carcereiro encarregou José de todos os que estavam na prisão, e ele se tornou responsável por tudo o que lá sucedia. O carcereiro não se preocupava com nada do que estava a cargo de José, porque o Senhor estava com José e lhe concedia bom êxito em tudo o que realizava (Gênesis 39:22-23).

Novamente, José adquire mais uma habilidade para a governança: a capacidade de liderar pessoas. Note que, dentro do calabouço, a principal função dele era cuidar das pessoas. E, dentro da empresa, um líder precisa cuidar de pessoas, inspirá-las, motivá-las e, principalmente, ouvi-las. Mais um exemplo da preparação para a boa governança de José.

A QUARTA CAPA DE JOSÉ

José estava indo bem em sua preparação, demonstrou a habilidade de sonhar, de administrar e de liderar. No entanto, ninguém pode ocupar um cargo de tanta relevância sem saber fazer alianças corretas.

Aqui Deus deu uma lição em José, porque ele quis horizontalizar seus relacionamentos – as alianças com os homens – antes mesmo de firmar uma aliança com Ele. E a ideia de capa, mais uma vez, é simbólica, quando Deus aprimora José com uma lição significativa, dando a ele, na ocasião, uma "posição" de aprendiz.

Quando José ainda estava preso, o copeiro e o padeiro do faraó do Egito também foram presos e ficaram sob sua tutela no calabouço. Certa noite, ambos os empregados do faraó tiveram um sonho e, ao despertar, ficaram confusos sobre o significado dele. José, ao encontrá-los, notou que o semblante deles estava triste e perguntou o que acontecera. Foi quando o copeiro e o padeiro compartilharam o que haviam sonhado.

Em Gênesis 40:9-13 temos o sonho do copeiro:

> Em meu sonho, vi diante de mim uma videira com três ramos. Ela brotou, floresceu e deu uvas que amadureciam em cachos. A taça do faraó estava em minha mão. Peguei as uvas e as espremi na taça do faraó, e a entreguei em sua mão.

José ajudou a interpretar o sonho, dizendo:

> Esta é a interpretação: os três ramos são três dias. Dentro de três dias o faraó vai exaltá-lo e restaurá-lo à sua posição; e você servirá a taça na mão dele, como costumava fazer quando era seu copeiro.

Depois, nos versículos 16 a 19, temos o sonho do padeiro e sua interpretação:

ADOTE A GOVERNANÇA NOS NEGÓCIOS

> Eu também tive um sonho: sobre a minha cabeça havia três cestas de pão branco. Na cesta de cima havia todo tipo de pães e doces que o faraó aprecia, mas as aves vinham comer da cesta que eu trazia na cabeça.

E, como interpretação, José respondeu: "As três cestas são três dias. Dentro de três dias o faraó vai decapitá-lo e pendurá-lo numa árvore. E as aves comerão a sua carne".

Passaram-se três dias do episódio e agora era o aniversário do faraó, ocasião em que se ofereceu um banquete a seus conselheiros. Na presença deles, o faraó restaurou o copeiro à sua posição de chefe, de modo que ele voltou a ser aquele que servia a taça do faraó, mas ao chefe dos padeiros ele mandou enforcar, como José previu em sua interpretação.

Quando alguém foi à porta do calabouço e chamou pelo copeiro para que ele voltasse a servir o faraó, posso imaginar o sorriso de José, pois havia veracidade na interpretação do sonho, sem contar que ele, com a plena certeza de que passara a ter credibilidade com o copeiro, lhe disse:

> Quando tudo estiver indo bem com você, lembre-se de mim e seja bondoso comigo; fale de mim ao faraó e tire-me desta prisão, pois fui trazido à força da terra dos hebreus, e também aqui nada fiz para ser jogado neste calabouço (Gênesis 40:14-15).

Nesse momento, José erroneamente pensou que tivesse feito uma aliança com o sujeito. Por que erroneamente? Porque o copeiro não lembrou dele nos dois anos seguintes! É como se o próprio Deus dissesse: "José, a sua aliança não é feita com outro homem, ela não é horizontalizada. A sua aliança é verticalizada, é comigo. Ora, quem o fez sonhar? Quem fez com que sua interpretação fosse realizada?". Antes de fazer uma aliança com o homem é preciso selar uma aliança com Deus. Afinal de contas, Ele está em primeiro lugar em nossa vida, já que o próprio Deus quer Se colocar nesse lugar.

Antes de confiar no próximo, é necessário confiar em Deus. Por isso, Ele se faz validar em toda governança, em qualquer esfera – empresarial, familiar etc. A própria Bíblia demonstra isso em Salmos 33:12, com: "Como é feliz a nação que tem o Senhor como Deus". Quer ser feliz e pleno? Alie-se a Deus.

Temos aqui uma grande habilidade que todo empreendedor governante precisa desenvolver: saber em que momento e com quem fazer alianças (ou até mesmo desfazê-las). Somente com boas alianças é possível ir longe, pois nenhuma governabilidade é absoluta, é preciso receber e dar apoio. Para saber o momento certo e com quem fazer a aliança certa é preciso de outra habilidade. Nós a veremos a seguir.

A PREVISÃO DE JOSÉ

As marcas da desesperança estavam em José. Com barba grande e malvestido, mesmo liderando no calabouço, notava-se, após dois anos desde a interpretação dos sonhos e a aliança malsucedida com o copeiro, que sua chama da esperança de sair da prisão estava diminuindo.

Então chegou a vez do faraó do Egito sonhar, e ninguém conseguiu interpretar seu sonho. Eis que o copeiro, sabendo do acontecido, falou de José e de seu feito na prisão. Chamaram-no para se apresentar diante do faraó. Quando foi, José se barbeou e trocou de roupa, vestindo a quarta capa.

Em Gênesis 41:17-24, o faraó contou seu sonho:

> Sonhei que estava em pé, à beira do Nilo, quando saíram do rio sete vacas, belas e gordas, que começaram a pastar entre os juncos. Depois saíram outras sete, raquíticas, muito feias e magras. Nunca vi vacas tão feias em toda a terra do Egito. As vacas magras e feias comeram as sete vacas gordas que tinham aparecido primeiro. Mesmo depois de havê-las comido, não parecia que o tivessem feito, pois continuavam tão magras como antes. Então acordei. Depois tive outro sonho: Vi sete espigas de cereal, cheias e boas, que cresciam num mesmo pé. Depois delas, brotaram outras sete, murchas e mirradas, ressequidas pelo vento leste. As espigas magras engoliram as sete espigas boas. Contei isso aos magos, mas ninguém foi capaz de explicá-lo.

EMPREENDA PELOS PRINCÍPIOS BÍBLICOS

Em seguida, nos versículos de 25 a 36, José revelou ao faraó sua interpretação:

Deus revelou ao faraó o que ele está para fazer. As sete vacas boas são sete anos e as sete espigas boas são também sete anos; trata-se de um único sonho. As sete vacas magras e feias que surgiram depois das outras e as sete espigas mirradas, queimadas pelo vento leste, são sete anos. Serão sete anos de fome. É exatamente como eu disse ao faraó: Deus mostrou ao faraó aquilo que ele vai fazer. Sete anos de muita fartura estão para vir sobre toda a terra do Egito, mas depois virão sete anos de fome. Então todo o tempo de fartura será esquecido, pois a fome arruinará a terra. A fome que virá depois será tão rigorosa que o tempo de fartura não será mais lembrado na terra. O sonho veio ao faraó duas vezes porque a questão já foi decidida por Deus, que se apressa em realizá-la. Procure agora o faraó um homem criterioso e sábio e coloque-o no comando da terra do Egito. O faraó também deve estabelecer supervisores para recolher um quinto da colheita do Egito durante os sete anos de fartura. Eles deverão recolher o que puderem nos anos bons que virão e fazer estoques de trigo que, sob o controle do faraó, serão armazenados nas cidades. Esse estoque servirá de reserva para os sete anos de fome que virão sobre o Egito, para que a terra não seja arrasada pela fome.

ANTES DE CONFIAR NO PRÓXIMO, É NECESSÁRIO CONFIAR EM DEUS.

EMPREENDA PELOS PRINCÍPIOS BÍBLICOS

Fica claro que José havia desenvolvido a quarta habilidade essencial ao empreendedor governante: a capacidade de previsão. José era um visionário.

Essa capacidade auxiliará fortemente o empreendedor a não ser pego de surpresa. Afinal de contas, a governança não acontece de repente, e fazer projeções e programações são características de todo governante.

A QUINTA CAPA DE JOSÉ

José demonstrou ao faraó do Egito não só sua capacidade de prever os tempos vindouros, mas também a de programar ações futuras com relação à terra. O plano pareceu bom ao faraó e aos seus conselheiros, como vemos em Gênesis 41:39-43:

> Disse, pois, o faraó a José: "Uma vez que Deus lhe revelou todas essas coisas, não há ninguém tão criterioso e sábio como você. Você terá o comando de meu palácio e todo o meu povo se sujeitará às suas ordens. Somente em relação ao trono serei maior que você". E o faraó prosseguiu: "Entrego a você agora o comando de toda a terra do Egito".

Diante disso, o faraó tirou do dedo o seu anel e o colocou no dedo de José, firmando assim o novo compromisso. Mandou-o vestir uma capa de linho fino e colocou uma corrente de ouro em seu pescoço. "Também o fez subir em sua segunda carruagem real, e à frente os arautos iam gritando: 'Abram caminho!'. Assim José foi colocado no comando de toda a terra do Egito."

No Evangelho de Mateus 25:23 está escrito: "muito bem, servo bom e fiel! Você foi fiel no pouco, eu o porei sobre o muito". É como se Deus aplicasse seu método em José, aprovando-o posteriormente para a governança do Egito, permitindo que ele fosse moldado para cumprir sua missão.

Em resumo, a história de José do Egito é um exemplo maravilhoso de preparação de um grande governante. Quando José ainda era apenas um sonhador, Deus já o estava preparando para enfrentar e superar as dificuldades que estavam por vir, como a falta de compreensão por parte de sua família, a inveja e a perseguição. Quando ele chega à casa de Potifar, tornando-se administrador dos bens daquele senhor, era também uma preparação de sua habilidade e suas características. Sem dizer que, no episódio com a esposa do homem, José foi testado e provou que seu propósito estava acima de propostas de recompensas momentâneas.

Quando preso no calabouço, em um lugar de total desconforto, novamente ele se sobressaiu e mostrou-se um grande líder. Outra grande lição: a aliança equivocada com o homem. Foram necessários mais dois anos

EMPREENDA PELOS PRINCÍPIOS BÍBLICOS

no cárcere para José entender que primeiro é necessário firmar-se com Deus e só então fazer boas alianças, preparando-se para a governança. Não sou eu que afirmo isso, são as escrituras sagradas.

Por fim, mostra-se a necessidade de ser um visionário, sabendo programar-se para a riqueza e também para a escassez. Na vida de um governante, esses momentos existirão. Por isso, saber organizar-se é de extrema importância.

Novamente, consigo ver Deus com um sorriso de orelha a orelha quando vê José receber sua capa de linho fino e uma aliança, pois finalmente estava pronto para a governança do Egito.

Com todo esse exemplo, é preciso que algo fique claro ao empreendedor governante: desenvolva habilidades múltiplas. Esteja um passo à frente. E quem está um passo à frente? Quem sonha!

Saber administrar é ter capacidade organizacional. Liderar é a capacidade de se relacionar com pessoas e instituições, e saber construir alianças corretas ajuda a exercitar a capacidade de previsão. E essas são as características necessárias ao empreendedor governante.

DESENVOLVA HABILIDADES MÚLTIPLAS. ESTEJA UM PASSO À FRENTE. E QUEM ESTÁ UM PASSO À FRENTE? QUEM SONHA!

DESENVOLVA HABILIDADES
MÚLTIPLAS. ESTEJA
UM PASSO À FRENTE. E
QUER ESTÁ UM PASSO À
FRENTE? QUEM SONHA!

CAPÍTULO 7
SEU PRODUTO E SEU PLANO DE NEGÓCIOS

Até o momento, falei da mentalidade e da governança do empreendedor – uma posição mais teórica da jornada, da preparação. Mas como começar essa jornada empreendedora na prática?

Iniciar a jornada do empreendedorismo pode ser um grande desafio. É preciso ter muita fé, paciência e constância para alcançar o sucesso. Afinal, como diz Tiago, "*a fé sem obras é morta*". Isso significa que não adianta apenas acreditar em seus sonhos e planos, é preciso colocá-los em prática e trabalhar para alcançá-los.

EMPREENDA PELOS PRINCÍPIOS BÍBLICOS

É importante lembrar que tudo tem um princípio pequeno, assim como Jó 8:7 nos ensina: "O seu começo parecerá modesto, mas o seu futuro será de grande prosperidade". Essa passagem gera uma reflexão bastante interessante e até mesmo intensa. Jó, mesmo depois de ter perdido tudo, todas as suas posses, família e saúde, ainda permaneceu fiel ao Senhor. E mesmo que esse conselho dado a ele por Bildade tenha vindo em um momento que o amigo lhe acusava de pecar contra Deus, foi um conselho muito bom. Ele falava que era necessário ter humildade e fé, que são imprescindíveis para o empreendedor.

Com "o seu começo", podemos inferir que Deus está reconhecendo você como único protagonista da própria trajetória, já que o pronome "seu" se refere a você. É como se Deus apontasse o dedo para você e dissesse "estou falando com você e quero te dar um conselho motivador", "eu sei que é apenas o início, eu sei que é pequeno, eu sei que ainda tem pouca credibilidade, pouca visibilidade e até mesmo pouco poder competitivo, mas confie em Mim, vai dar certo".

O seu Senhor está dizendo que o fato de você começar pequeno não significa que não terá um futuro de extrema grandeza. É prazeroso para um empreendedor cheio de incertezas ler Jó 8:7 – essa passagem é o tal apoio que ele tanto busca.

SEU PRODUTO E SEU PLANO DE NEGÓCIOS

O empreendedorismo é como um funil inverso, no qual o início geralmente é pequeno, mas o resultado pode ser grandioso. Esse versículo de Jó nos mostra que tudo tem um começo modesto. Mesmo que no início pareça que nada está acontecendo, é preciso ter fé e continuar trabalhando duro. Às vezes, os resultados demoram a aparecer, mas isso não significa que não estão chegando. É preciso persistir e acreditar que, com o tempo, o trabalho duro e a dedicação serão recompensados.

E esse foi o meu caso! Em 2002, quando eu entrei no segmento da Odontologia, comecei muito pequeno: minha participação era de apenas 15% na sociedade de um consultório odontológico. Transpondo a passagem de Jó para a minha vida, é como se o próprio Deus, mesmo de maneira invisível, se sentasse à minha frente e dissesse: "Acredite, você será grande e o seu futuro crescerá ao extremo. O seu começo agora é tímido, mas, com determinação e muito trabalho, o seu amanhã crescerá sobremaneira".

Confesso que me emociono ao lembrar daquela época. Enquanto eu estava escrevendo este livro e contando para Laís, minha assessora, sobre o meu início, encontrei entre os meus arquivos o livro-caixa daquela época, no qual assinei, em 30 de agosto de 2002, meu primeiro pró-labore no valor de R$ 289,00. Sim, duzentos e oitenta e nove reais como pagamento. Naquele tempo, jamais imaginaria que, vinte anos depois, eu teria mais de 1,3 mil clínicas, que abriria uma nova unidade a cada 48 horas e que venderia mais de 10 milhões de reais por dia em serviços odontológicos.

Para mim, é como se Deus se sentasse novamente à minha frente e me dissesse: "Eu não falei, Oséias? O seu futuro cresceria ao extremo!". E tudo isso só foi possível porque permiti que Deus fosse o Senhor da minha vida e dos meus negócios. Além disso, tive iniciativa e dei o primeiro passo.

Dar o primeiro passo é o mais importante. É o que define o início da jornada e, muitas vezes, ele é o mais difícil de dar. Mas, quando você segue adiante, está abrindo as portas para um mundo de possibilidades. Está começando a construir algo que pode mudar sua vida e a vida de outras pessoas.

Imagine que você está construindo uma casa. No início, pode parecer que não há nada de especial em um monte de tijolos e cimento. Mas, à medida que a construção começa a tomar forma, você começa a ver o resultado. É quando é possível ver a beleza da casa, o conforto que ela proporcionará e a alegria que trará para sua família.

É igual com o empreendedorismo. No início, pode parecer que não há nada de especial no seu negócio, mas, à medida que ele cresce e se desenvolve, você começa a vislumbrar o resultado. Você vê o impacto que está tendo na vida das pessoas, a satisfação de estar fazendo algo significativo e a alegria de ver seu sonho se tornar realidade.

Então, se você está começando uma jornada empreendedora, lembre-se de que tudo tem um princípio pequeno. Acredite em si mesmo, trabalhe duro e persista. Com o tempo, você verá que o seu último nível crescerá em extremo.

QUAL É O PRIMEIRO PASSO?

Comece sua jornada empreendedora, ou aprimore a que você já tem, criando um produto ou serviço para oferecer ao público.

Ao criar um produto ou serviço, é preciso pensar no seguinte: "Qual é o propósito de criar esse produto/serviço? Ele vai atender uma necessidade? Vai gerar facilidades? Vai trazer prazer e saúde para a vida de alguém? Vai promover a inclusão social? Vai ajudar alguém a construir riqueza?". Esse é o momento que chamo de encontrar o propósito na ideação do que você vai lançar no mercado.

Certa vez, fui participar de um evento como palestrante. Quando cheguei, estavam iniciando um modelo de palestra "invertida", em que o público tomava a iniciativa de perguntar ou comentar o tema antes mesmo de o palestrante falar qualquer coisa.

É PRECISO DAR UM PROPÓSITO PARA A AÇÃO DE EMPREENDER.

SEU PRODUTO E SEU PLANO DE NEGÓCIOS

Me sentei no palco e a primeira pergunta que me fizeram foi: "Oséias, qual o segredo do sucesso das suas franquias?". E eu respondi: "Minha empresa tem um Senhor, que é Deus, e a Ele consagro tudo que faço. Encontrei um propósito para empreender. Meu propósito é levar a odontologia para todos e só oferecer para os outros aquilo que é bom e faz sentido para eles".

Primeiramente, é importante lembrar que tudo o que criamos deve ser para a glória de Deus! Como diz Colossenses 1:16:

> Pois Nele foram criadas todas as coisas nos céus e na terra, as visíveis e as invisíveis, sejam tronos sejam soberanias, poderes ou autoridades; todas as coisas foram criadas por Ele e para Ele.

Reforço dizendo que todas as coisas foram criadas por Ele e para Ele, e isso também deve acontecer no seu negócio. Sobre a consagração da sua criação, vou explicar mais adiante.

É preciso dar um propósito para a ação de empreender. Dar um propósito ao que você quer criar é dar uma verdadeira motivação ao seu trabalho e à sua jornada. Empreender unicamente visando ao lucro, geralmente, não é uma boa motivação. É evidente que ganhar dinheiro é o objetivo de empreender, mas não deve ser

113

o propósito. Seu propósito precisa ser útil a alguém e estar de acordo com o público que você deseja atingir.

Além disso, pense se o que você criou é bom para você. Se não acredita no que está criando, como poderá convencer outras pessoas a comprarem ou usarem seu produto/serviço? Só ofereça aquilo que for bom e faça sentido para você.

Deus, quando criou o mundo e tudo o que há nele, criou para Ele. Deus criou o mundo para Sua glória. Por isso, é importante aprendermos com Deus: depois que Sua criação fez sentido, Ele nos convidou para usufruir dela. Era bom para Ele, e por isso estamos aqui.

Assim, fiz desse exemplo uma lição para a minha vida empreendedora. Em 2009, quando criei a Odonto Excellence, antes de lançá-la como franquia ao mercado, inaugurei quinze clínicas e durante sete anos trabalhei com elas, ajustei o trabalho. Só depois que tive a certeza de que era bom para mim e para minha jornada empreendedora é que lancei para demais empreendedores. Hoje, esse empreendimento é o sucesso de que tanto me orgulho.

Uma coisa é certa: Deus não fez ninguém mais humano que ninguém. Essa é uma das verdades mais bonitas e poderosas que podemos aprender em nossa jornada de vida. Não importa quem somos, de onde viemos ou o que fazemos, todos nós gostamos de coisas boas. É importante criar algo que seja útil e que traga benefícios para a vida das pessoas, bem como prazer, alegria, satisfação, facilidades, inclusão etc.

Para criar seu produto ou serviço, basta observar o comportamento das pessoas ou até mesmo do público que deseja alcançar. Muitos palestrantes, amigos meus, costumam dizer em suas apresentações que, para criar algo, é preciso pensar em sanar uma dor do público. Sendo sincero, não concordo com essa opinião. Nem sempre as pessoas compram produtos ou serviços para curar uma dor. Elas consomem pelos mais variados motivos: para fazer parte da moda, para serem aceitas socialmente, porque foram influenciadas por alguém, por pura curiosidade. Para isso, às vezes, o produto ou serviço pode parecer até bastante simples, mas o resultado para a vida daquele cliente pode ser grandioso.

E DEPOIS DE CRIAR O PRODUTO OU SERVIÇO?

Após criar o seu produto ou serviço e atribuir um propósito a ele, é necessário fazer a consagração dele a Deus – eu chamo essa ação de aplicar o "chip de Deus".

A história de Naamã é um exemplo disso. Ele era o capitão do exército sírio, um homem de grande prestígio e muito respeitado por todo seu histórico de vitórias em

EMPREENDA PELOS PRINCÍPIOS BÍBLICOS

muitas guerras. "Naamã, comandante do exército do rei da Síria, era muito respeitado e honrado pelo seu senhor, pois por meio dele o Senhor dera vitória à Síria. Mas esse grande guerreiro ficou leproso" (2 Reis 5:1).

Apesar de sua grandeza diante da sociedade e de seus comandados, em sua intimidade havia um homem que sofria, pois padecia de lepra, e, na época, ela era uma doença incurável e debilitante. Seu diagnóstico era de morte certa e de exclusão da sociedade; os leprosos eram considerados impuros.

Curar-se da lepra, naqueles tempos, seria um verdadeiro milagre. A Bíblia conta que uma menina israelita que vivia como escravizada na casa de Naamã foi quem sugeriu que ele procurasse Eliseu, um profeta de Deus, para alcançar a cura:

> Ora, tropas da Síria haviam atacado Israel e levado cativa uma menina, que passou a servir à mulher de Naamã. Um dia ela disse à sua senhora: 'Se o meu senhor procurasse o profeta que está em Samaria, ele o curaria da lepra'. Naamã foi contar ao seu senhor o que a menina israelita dissera (2 Reis 5:2-4).

O capitão do exército sírio procurou a ajuda do profeta Eliseu, que disse a ele para se banhar sete vezes no rio Jordão e que assim seria curado. Naamã ficou

SEU PRODUTO E SEU PLANO DE NEGÓCIOS

irritado, pois achava que Eliseu deveria ter feito algo mais grandioso para curá-lo.

Ele ficou indignado com a simplicidade da solução e quase desistiu, mas seus servos o convenceram a tentar e ele se banhou no rio sete vezes. Ao sair da água, para sua surpresa, sua pele estava curada. A presença de Deus – o chip de Deus – estava nas águas do Jordão e operou Seu milagre.

Grato por ter sido curado devido ao conselho de Eliseu, Naamã quis presenteá-lo com ouro e pedras preciosas. Eliseu, por ser profeta, não aceitou o presente e afirmou que Deus era o responsável pela cura. Naamã teve, então, a ideia de levar dois sacos com a terra de Israel, para que pudesse construir um altar para adorar a Deus em gratidão ao milagre. E assim o fez.

Qual era o valor monetário desses sacos? Praticamente nenhum. Mas, naquele momento, os simples sacos de terra tinham um valor inestimável a Naamã, muito mais do que todo seu ouro e suas pedras preciosas, pois esses sacos continham o chip de Deus.

Uma surpresa maior ainda estava por vir! Será que ele se lembrava da menina israelita que trabalhava como escravizada em sua casa? Afinal de contas, foi ela quem sugeriu que ele buscasse a Eliseu, um profeta de Deus, para ajudar na cura.

Se Naamã estava encantado com dois sacos de terra de Israel, porque ali havia o chip de Deus, imagino eu que, ao chegar em casa e encontrar a menina israelita escravizada (que também tinha o tal chip), sua alegria tenha sido ainda maior. Imagino que Naamã tenha libertado a menina da escravidão, mas pedido a ela que permanecesse em sua casa, agora como alguém ilustre.

Conto toda essa história para que sabiamente o empreendedor possa criar posicionamento (área em que se atua no mercado) e branding (os valores e propósitos apresentados ao mercado; como eu quero que me vejam), e aumente seu valor, atraindo para si a presença de Deus – o chip de Deus.

Observe: assim como na construção de um serviço, o ato de banhar-se sete vezes nas águas do rio Jordão teve um resultado transformador na vida do capitão, porque lá havia a presença de Deus. E um produto que, aos olhos do ser humano, seria tão irrelevante como dois sacos de terra, passa a ter um valor incomparável a qualquer outro, porque ali havia a presença de Deus.

Quantas vezes um empreendedor investe em marketing, marketing digital, assessoria de imprensa e tantos outros planos para poder construir-se no mercado e adquirir valor? Uma menina escravizada, por ter a presença de Deus, passou a gerar valores inestimáveis: o de posicionamento

SEU PRODUTO E SEU PLANO DE NEGÓCIOS

e o de branding, saindo da posição de escravizada para a de alguém que agregava mais, que dava mais credibilidade e que trazia valores para o ambiente. Ou seja, um novo branding, um novo olhar, sobre essa menina.

Portanto, consagrar ao Senhor tudo o que faz e aplicar o chip de Deus é uma ação inteligente, e por isso deve ser empregada logo na criação e ao definir o propósito do produto ou serviço do empreendedor cristão. Por isso que sempre cito que Deus é o Senhor dos meus empreendimentos. Ao fazer isso, consagro ao Senhor tudo o que criei.

PRODUTO OU SERVIÇO CRIADO, E AGORA?

Após criar o produto ou serviço que atenda às necessidades do público, chega o momento de criar um plano de negócios para saber como trabalhar essa oferta.

O plano de negócios é um documento que descreve como você planeja operar seu empreendimento e alcançar seus objetivos. Ele inclui informações como estratégia de marketing, análise financeira e plano de operações. É uma ferramenta essencial para qualquer empreendedor que deseja ter sucesso em sua empresa.

Criar o plano de negócios pode parecer uma tarefa tediosa e cansativa, mas é uma etapa importantíssima no processo de iniciar e administrar uma empresa bem-sucedida. Ao criar um plano de negócios, você está definindo sua visão e estratégia para o futuro. Você está estabelecendo metas e objetivos claros e definindo as ações que precisará tomar para alcançá-los.

Um plano de negócios bem elaborado também pode ajudá-lo a atrair investidores e obter financiamento. Os investidores querem ver que você tem uma visão clara para o futuro, e um plano sólido para alcançá-la. Eles querem saber se seu empreendimento é viável e se tem potencial para crescer e gerar lucros. Um plano de negócios bem elaborado pode fornecer essas informações de maneira clara e concisa.

Além disso, essa ferramenta pode ajudá-lo a identificar possíveis problemas e desafios que possam surgir no futuro. Ao antecipar problemas, você consegue desenvolver estratégias para lidar com eles antes que se tornem algo que saia do controle. Isso pode ajudá-lo a evitar armadilhas e garantir que sua empresa esteja preparada para enfrentar os desafios.

Mas criar um plano não se resume apenas a números e estratégias. O ato se expande para os sonhos e paixões. Envolve acreditar em si mesmo e em sua visão e ter a determinação de transformá-la em realidade. E ainda ter a coragem de assumir riscos e enfrentar obstáculos, sabendo que o sucesso é possível se você trabalhar e permanecer focado em seus objetivos.

Então, se você criou um produto ou serviço que atende ao público, não perca tempo e elabore também um plano de negócios. Ele é a chave para transformar sua visão em realidade e alcançar o sucesso que você merece. Com determinação, paixão e um plano sólido, você pode alcançar seus objetivos e construir o negócio dos seus sonhos.

O QUE O EMPREENDEDOR COM PRINCÍPIOS CRISTÃOS NÃO PODE ESQUECER?

Ao criar o plano de negócios, é preciso buscar a bênção de Deus. Como vemos em Tiago 4:13-16:

> Ouçam agora, vocês que dizem: "Hoje ou amanhã iremos para esta ou aquela cidade, passaremos um ano ali, faremos negócios e ganharemos dinheiro". Vocês nem sabem o que lhes acontecerá amanhã! Que é a sua vida? Vocês são como a neblina que aparece por um pouco de tempo e depois se dissipa. Ao invés disso, deveriam dizer: "Se o Senhor quiser, viveremos e faremos isto ou aquilo".

Nesse trecho, fica claro que há duas pessoas fazendo o plano de negócios de uma empresa: estipularam um tempo, decidiram empreender e sabiam que o resultado era ter lucro; estavam construindo um planejamento invejável aos olhos do mundo empreendedor. Estavam em perfeita sintonia, com o dever de casa bem-feito.

EMPREENDA PELOS PRINCÍPIOS BÍBLICOS

Até que um terceiro sujeito, que ouvia a discussão entre os dois empreendedores, fez um alerta. É como se dissesse que tudo está indo bem, mas esqueceram de buscar a bênção, a aprovação de Deus. Lembre-se de que somos os protagonistas de nosso empreendimento, mas Deus, na condição de abençoador, é o fio condutor.

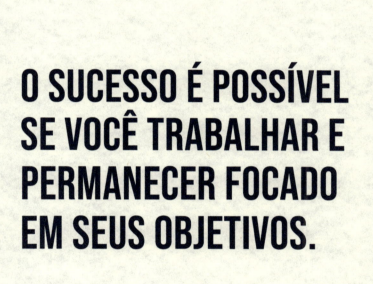

O SUCESSO É POSSÍVEL
SE VOCÊ TRABALHAR E
PERMANECER FOCADO
EM SEUS OBJETIVOS

CAPÍTULO 8

O GÊNESIS E A IMPORTÂNCIA DA VALIDAÇÃO

Depois de ter criado seu produto ou serviço, consagrando-o a Deus e adicionando um propósito a ele, é preciso validar sua criação – esse é o quarto passo que proponho no empreendedorismo com princípios cristãos. O processo de validação da criação envolve avaliar, comprovar e aprovar seu produto ou serviço. É um passo importante do processo e compreende as etapas pelas quais todo empreendimento precisa passar.

EMPREENDA PELOS PRINCÍPIOS BÍBLICOS

Já vi muitos empresários errarem ao acreditar que na jornada empreendedora há um trampolim do qual se salta de uma etapa à outra com rapidez, sem empregar o trabalho necessário. É mais ou menos como aqueles jovens das startups de inovação e tecnologia que, antes mesmo de validar seu produto ou serviço, já garantem que suas criações são os novos unicórnios do mercado.

É claro que sonhar e acreditar no que se faz é muito importante, mas é preciso tomar cuidado para que isso não se torne um devaneio ou um delírio. Portanto, é imprescindível reconhecer as fases de validação do empreendedorismo, respeitá-las e viver cada uma no tempo certo.

Lembra da casa que citei no capítulo anterior? Será que posso comprar a tinta quando ainda estou no processo de comprar tijolos e areia? Posso, mas esse não é o passo mais sensato. Há etapas mais lógicas a viver, e é preciso respeitar cada uma delas.

Trago um exemplo que me entristece só de lembrar: um amigo meu tinha um sítio e nele fez uma grande plantação de hortaliças – uma produção muito grande mesmo. Quando as hortaliças estavam prontas para colheita, ele mandou que o fizessem, que as colocassem no caminhão, e foi até a cidade vendê-las em grandes supermercados da região. Quando chegou lá, ninguém o recebeu, porque esses estabelecimentos já tinham

126

O GÊNESIS E A IMPORTÂNCIA DA VALIDAÇÃO

contratos com outros fornecedores, e, por maior qualidade que as hortaliças tivessem, ninguém quis comprar algo que não foi negociado anteriormente. Com isso, ele perdeu toda a sua produção. Uma pena!

Conto essa história porque é uma situação clara de alguém que não respeitou as etapas necessárias de um empreendimento: antes mesmo de plantar, era necessário fechar negócio com o mercado que venderia as hortaliças; além disso, não adianta produzir em grandes quantidades quando se está no começo, pois não terá como escoar a produção, principalmente se tratando de um produto tão sensível como alimentos. É preciso sempre respeitar as etapas e o processo que cada negócio demanda e validar cada uma.

A Bíblia nos traz um importante exemplo de criação e validação. O próprio Deus, ao criar o mundo e tudo que há nele, também fez a validação necessária para seguir criando.

Gênesis descreve como Deus criou tudo o que existe:

> No princípio criou Deus os céus e a terra. Era a terra sem forma e vazia; trevas cobriam a face do abismo, e o Espírito de Deus se movia sobre a face das águas. Disse Deus: 'Haja luz', e houve luz. Deus viu que a luz era boa, e separou a luz das trevas (Gênesis 1:1-4).

EMPREENDA PELOS PRINCÍPIOS BÍBLICOS

Note que Deus fez sua primeira criação, os céus e a terra, e quando colocou a luz, viu que era boa. Dizer que era boa é uma forma de validar, avaliar, comprovar o que fez. Me atrevo a dizer que nesse momento nasce a ideia de discernimento – o que é bom e o que é ruim –, e nasce com a validação de Deus. Essa foi a primeira validação Dele.

A segunda se dá logo na sequência:

> Deus chamou à luz dia, e às trevas chamou noite. Passaram-se a tarde e a manhã; esse foi o primeiro dia. Depois disse Deus: "Haja entre as águas um firmamento que separe águas de águas". Então Deus fez o firmamento e separou as águas que estavam embaixo do firmamento das que estavam por cima. E assim foi. Ao firmamento Deus chamou céu. Passaram-se a tarde e a manhã; esse foi o segundo dia. E disse Deus: "Ajuntem-se num só lugar as águas que estão debaixo do céu, e apareça a parte seca". E assim foi. À parte seca Deus chamou terra, e chamou mares ao conjunto das águas. E Deus viu que ficou bom (Gênesis 1:5-10).

Mais uma vez Deus valida Suas criações, afinal, Ele viu que ficou bom.

Em seguida, lemos:

> Então disse Deus: "cubra-se a terra de vegetação: plantas que deem sementes e árvores cujos frutos produzam sementes de acordo com as suas espécies". E assim foi. A terra fez brotar a vegetação: plantas que

O GÊNESIS E A IMPORTÂNCIA DA VALIDAÇÃO

dão sementes de acordo com as suas espécies, e árvores cujos frutos produzem sementes de acordo com as suas espécies. E Deus viu que ficou bom (Gênesis 1: 11-12).

A cada nova criação, Deus avaliou e validou se o que foi feito era bom. Essa foi a terceira validação.

A passagem continua:

Disse Deus: "haja luminares no firmamento do céu para separar o dia da noite. Sirvam eles de sinais para marcar estações, dias e anos, e sirvam de luminares no firmamento do céu para iluminar a terra". E assim foi. Deus fez os dois grandes luminares: o maior para governar o dia e o menor para governar a noite; fez também as estrelas. Deus os colocou no firmamento do céu para iluminar a terra, governar o dia e a noite, e separar a luz das trevas. E Deus viu que ficou bom (Gênesis 1: 14-18).

Ou seja, a cada nova criação, uma nova validação, para então criar outra. Essa foi a quarta validação.

No trecho seguinte:

Disse também Deus: "encham-se as águas de seres vivos, e sobre a terra voem aves sob o firmamento do céu". Assim Deus criou os grandes animais aquáticos e os demais seres vivos que povoam as águas, de acordo com as suas espécies; e todas as aves, de acordo com as suas espécies. E Deus viu que ficou bom (Gênesis 1:20-21).

Aqui temos a quinta validação.

EMPREENDA PELOS PRINCÍPIOS BÍBLICOS

E na sequência:

> E disse Deus: "produza a terra seres vivos de acordo com as suas espécies: rebanhos domésticos, animais selvagens e os demais seres vivos da terra, cada um de acordo com a sua espécie". E assim foi. Deus fez os animais selvagens de acordo com as suas espécies, os rebanhos domésticos de acordo com as suas espécies, e os demais seres vivos da terra de acordo com as suas espécies. E Deus viu que ficou bom" (Gênesis 1:24-25).

A cada passagem fica mais do que claro que Deus sempre dá o próximo passo apenas depois que sabe que o anterior ficou bom. Essa foi a sexta validação.

E assim sua criação continuava:

> Criou Deus o homem à sua imagem, à imagem de Deus o criou; homem e mulher os criou. Deus os abençoou, e lhes disse: 'sejam férteis e multipliquem-se! Encham e subjuguem a terra! Dominem sobre os peixes do mar, sobre as aves do céu e sobre todos os animais que se movem pela terra.' Disse Deus: "Eis que lhes dou todas as plantas que nascem em toda a terra e produzem sementes, e todas as árvores que dão frutos com sementes. Elas servirão de alimento para vocês. E dou todos os vegetais como alimento a tudo o que tem em si fôlego de vida: a todos os grandes animais da terra, a todas as aves do céu e a todas as criaturas que se movem rente ao chão". E assim foi. E Deus viu tudo o que havia feito, e tudo havia ficado muito bom (Gênesis 1:27-31).

O GÊNESIS E A IMPORTÂNCIA DA VALIDAÇÃO

Perceba que agora o adjetivo "bom" ganhou o advérbio de intensidade "muito", pois Deus estava tão certo sobre Suas criações que, após validá-las tantas vezes, sabia que tudo o que havia feito estava realmente muito bom.

Se estivéssemos falando de percorrer a jornada empreendedora, esse é o momento em que Deus passou por aquilo que Jó 8:7 descreve como o começo modesto. E então Ele atingiu o pico, o auge da criação, e pôde até celebrar, pois ao sétimo dia descansou. E isso porque tudo o que fez estava bom e validado. Deus criou o mundo para Ele, e validou, aos poucos e por etapas, que tudo ficou bom.

Para ajudá-lo a entender melhor o processo de validação na prática, vou falar de uma indústria de ferramentas que conheço. Lá, antes de iniciar a operação, mesmo já tendo todos os contratos para escoar o que produziu, um ano antes de iniciarem as atividades, contrataram todo o time e durante esse período capacitaram e treinaram os funcionários para validar sua cultura de trabalho e a qualidade do que produziriam, porque entendiam que a principal etapa de trabalho é o aprendizado. Após essa validação, é que iniciaram a produção das ferramentas e assim seguiram o fluxo interno.

É essa reflexão que o convido a fazer: o seu negócio precisa passar por uma validação, aos poucos e com o tempo. É preciso avaliar se o que propôs ficou bom e se isso atende ao público que quer atingir, assim como fez

Deus conosco. E para validar o seu produto/serviço e o seu negócio é necessário prestar atenção em alguns pontos, sobre os quais discorreremos a seguir.

VALOR E PREÇO

Eu falei melhor sobre esses dois conceitos em meu livro *Negócio escalável*,[15] mas vou retomar o assunto aqui de maneira resumida, porque esses são fatores responsáveis por validar seu produto ou serviço.

Preço é aquilo que representa, em números, o quanto vale seu produto ou serviço. Já o valor é a apreciação que as pessoas fazem desse produto ou serviço, ou seja, é uma espécie de julgamento daquilo que você ofereceu.

Quando Naamã levou embora os dois sacos de terra de Israel, notou o valor que aquilo tinha, pois estavam consagrados por Deus. O capitão percebeu o valor, e o valor quem dá é o público, é o cliente.

Se todo empreendedorismo precisa auferir receita e gerar lucro, após perceber o valor, é necessário pensar em preço. A precificação significa quanto vai custar ao cliente o que você oferece, considerando o seu custo, como o valor pago pelas matérias-primas, a mão de

---

15 GOMES, O. **Negócio escalável**: como transformar sua ideia em uma startup bem-sucedida. São Paulo: Gente, 2022.

O GÊNESIS E A IMPORTÂNCIA DA VALIDAÇÃO

obra necessária para a produção, a logística de entrega e uma série de outras variáveis, além de adicionar a tudo isso uma margem da lucratividade necessária.

Por isso, crie seu produto ou serviço e estipule uma meta de vendas dentro de um prazo: se ele atingir essa meta, significa que foi aprovado pelo mercado. Se necessário, faça ajustes até que conquiste sua meta.

Darei um exemplo para melhor compreensão: acabo de criar o produto, o "OG", adicionei um propósito a ele, o consagrei a Deus e sei que está abençoado. Calculei um preço e o lancei ao mercado para que fossem vendidas mil unidades de "OG" em trinta dias. Se passados os trinta dias ele não tiver atingido a meta de venda de mil unidades, significa que há um erro. O mercado não notou o propósito, o preço pode estar errado, o meu cliente não viu valor etc. E então eu preciso fazer ajustes até que minha estratégia funcione e que a meta de vendas seja cumprida, e eu saiba que o produto foi aceito. Produto aceito no mercado é produto validado – é preciso fazer como Deus: parar, refletir e dizer "é bom".

O preço é validado quando você julga ter uma quantidade suficiente de pessoas consumindo o que você lançou no mercado para atingir o nível de *breakeven* da sua empresa. Estando bom, assim como foi para Deus, você validou seu produto ou serviço.

133

BREAKEVEN

A primeira validação do seu negócio é o seu produto ou serviço ser aceito pelo público e adquirir seu devido valor por um bom preço. O que me leva a pensar em um conceito bastante importante para um negócio, o de *breakeven*.

Breakeven em inglês significa "empate", e no mundo dos negócios o nível de *breakeven* de uma empresa é o ponto em que o custo total e a receita total são iguais, ou seja, é o ponto de equilíbrio. Atingir esse ponto é a segunda validação do seu negócio.

Com os clientes consumindo seu produto ou adquirindo seu serviço, e você equilibrando seu custo com a sua receita, você vai ver, assim como Deus viu, que seu negócio é bom, o que validará a sua criação.

Inclusive, estou muito contente porque dentro da Lions Startups – uma incubadora de startups que criei, voltada para a área de saúde –, em pouco tempo atingimos o *breakeven*. Os sócios não precisam mais fazer aportes financeiros para custear a operação toda. Isso significa que no próximo mês já será possível obter algum lucro.

LUCRATIVIDADE

Quando seu negócio atinge o empate, o ponto de equilíbrio, a fase seguinte é crescer seus canais de venda, para aumentá-los e fazer com que o desempate aconteça e sua receita aumente.

Por exemplo, se estipulou uma margem de lucratividade de 10% e a atingiu, você acaba de ter mais uma validação, pois conquistou um dos principais pilares do empreendedorismo: o lucro.

O objetivo é continuar trabalhando para que essa margem cresça cada vez mais e você continue vendo que seu negócio é bom.

Aliás, preciso enfatizar aos colegas empreendedores de que empreendemos e trabalhamos muito para obter lucro. Não podemos ter em mente de que fazemos o que fazemos apenas para pagar as contas. E falar de riqueza dentro das minhas empresas é um assunto comum a todos: não há problema em contar quanto ganha, quanto lucrou etc.

PAYBACK

Após alcançar a lucratividade, em um período mais adiante, você, como empreendedor, pensará em conquistar o *payback* – um indicador do tempo de retorno de um investimento, que significa que o seu lucro cobre o que foi investido. Esse é mais um ponto de validação do seu negócio. E assim você verá, como Deus viu, que seu negócio é bom.

É PRECISO AVALIAR SE O QUE PROPÔS FICOU BOM E SE ISSO ATENDE AO PÚBLICO QUE QUER ATINGIR, ASSIM COMO FEZ DEUS CONOSCO.

O GÊNESIS E A IMPORTÂNCIA DA VALIDAÇÃO

E para alguns ele é tão importante que o dono de uma importadora, que foi mentoreado por mim e havia investido 10 milhões de reais de seu próprio bolso no negócio, me ofereceu um jantar para celebrar que, em 36 meses, a empresa conseguiu devolver esse valor. A previsão era de sessenta meses, por isso a comemoração.

O *payback* pode acontecer a longo prazo, e por isso é diferente do *breakeven*, que precisa acontecer rapidamente para que o empreendedor pare de fazer aportes para custear o empreendimento.

Para muitos, o *payback* é o ponto máximo da validação de seu negócio. Tendo todos esses tópicos funcionando, muitos empreendedores estariam satisfeitos, e tudo bem pensar assim. Para outros, no entanto, o desejo é ir além, para continuar validando a empresa.

PASSOS AINDA MAIORES

Até agora, falei da validação do seu produto/serviço e também da validação do seu negócio. Tudo o que comentei até aqui são as tais fases do empreendedorismo necessárias para que o negócio obtenha o sucesso tão esperado. Conhecer, respeitar e validar cada uma dessas fases é de extrema importância.

Entretanto, pode haver, se você desejar, o momento de ver, assim como Deus viu, que tudo que construiu é "muito bom". Esse momento é quando seu negócio dará passos ainda maiores, passos que poderão ser a tal "grande prosperidade" que Jó 8:7 descrevia quando dizia que o início será modesto, mas o futuro será de grande prosperidade.

Nos meus dois livros anteriores, *Gestão fácil*[16] e *Negócio escalável*, comentei sobre o seu produto/serviço ser mais do que conhecido, ser desejado. E agora comento sobre a sua empresa ser mais do que conhecida, ser também desejada. Desejada por quem? Por outros países, por fundos de investimento (*venture capital*), *IPO* (oferta pública de ações em bolsa de valores), por outros investidores etc.

Trago o exemplo de um dos meus mentoreados, que tem uma startup de inovações tecnológicas em genoma. Um dia perguntei a ele: "Qual é o seu extremo do sucesso?". Ele me disse que se daria por satisfeito quando sua empresa tivesse um *venture capital*, ou seja, quando recebesse investimentos de um grupo de pessoas ou do fundo de investimento de uma outra empresa. E ele, como cristão, me pediu um conselho bíblico que o encorajasse a acreditar que um dia alguém investiria em sua startup.

---

16 GOMES, O. **Gestão fácil**: multiplique seus negócios em uma estratégia para gerar facilidades e operar de maneira ágil em todas as pontas de sua empresa. São Paulo: Gente, 2019.

O GÊNESIS E A IMPORTÂNCIA DA VALIDAÇÃO

Lembrei-me de uma parábola contada por Jesus que está no livro de Lucas:

> Um homem tinha uma figueira plantada em sua vinha. Foi procurar fruto nela, e não achou nenhum. Por isso disse ao que cuidava da vinha: "já faz três anos que venho procurar fruto nesta figueira e não acho. Corte-a! Por que deixá-la inutilizar a terra?". Respondeu o homem: "senhor, deixe-a por mais um ano, e eu cavarei ao redor dela e a adubarei. Se der fruto no ano que vem, muito bem! Se não, corte-a" (Lucas 13:6-9).

Nessa parábola, fazendo uma analogia com a realidade do empreendedor e com a desse meu mentorado, pense em sua empresa como sendo a figueira, o homem que cuidava da figueira como o Espírito Santo de Deus e a ação de cavar e adubar como os investimentos.

Associo o homem que cuidava da figueira, o viticultor, ao Espírito Santo de Deus, porque ele estava todos os dias com a figueira. Pois Jesus disse, ao subir aos céus, "E eu estarei sempre com vocês, até o fim dos tempos" (Mateus 28:20), e garantiu que o Espírito Santo estaria conosco para todo o sempre também.

É como se esse Espírito Santo de Deus dissesse que chegou o momento de fazer um investimento, de conquistar um *venture capital* para essa figueira. Imagine que a sua empresa é como esta figueira, que precisa

EMPREENDA PELOS PRINCÍPIOS BÍBLICOS

de um novo investimento, precisa de credibilidade, e o próprio Deus diz que chegou o seu momento. Ele lhe diz: "Prepare-se, porque você terá uma nova história".

Cuide de sua figueira, e certamente ela dará bons frutos, e você verá que será muito bom.

140

CRIE SEU PRODUTO OU SERVIÇO E ESTIPULE UMA META DE VENDAS DENTRO DE UM PRAZO: SE ELE ATINGIR ESSA META, SIGNIFICA QUE FOI APROVADO PELO MERCADO.

CRIE SEU PRODUTO OU
SERVIÇO E ESTIPULE
UMA META DE VENDAS
DENTRO DE UM PRAZO.
SE ELE ATINGIR ESSA
META, SIGNIFICA QUE
FOI APROVADO PELO
MERCADO.

CAPÍTULO 9
DEUS E O MINDSET DA INOVAÇÃO CONSTANTE

No capítulo anterior falei sobre a validação do produto/serviço e do negócio. Agora trago como quinto e último passo do método de empreender com princípios cristãos o pensar em inovação, não só a tecnológica, mas também as de comportamento e de mentalidade. Você pode até pensar que isso não tem nenhuma correlação com princípios bíblicos, mas, após ler este capítulo, vai entender por que o sucesso do empreendedor cristão também está relacionado à inovação.

O mundo muda rápido demais! As preferências, as vontades, a moda, o pensamento, o comportamento,

EMPREENDA PELOS PRINCÍPIOS BÍBLICOS

tudo muda de modo constante e rápido, e nós e nossas empresas precisamos acompanhar tais mudanças.

Para situar os leitores mais jovens: neste momento, escrevo este capítulo em um computador ultramoderno, com internet de alta velocidade e celular a postos com acesso a redes sociais que me permitem conversar com meus familiares e amigos de vários cantos diferentes no Brasil. Mas nem sempre foi assim. Já tivemos internet discada, com conexão melhor e gratuita após a meia-noite, em computadores enormes de monitores amarelados que pareciam caixotes e ficavam em cômodos específicos da casa. A comunicação era apenas por telefone fixo, no máximo algumas mensagens caríssimas em SMS, em que só se permitia escrever alguns poucos caracteres. Não vou nem mencionar a minha infância, em que tínhamos as máquinas de escrever e as conversas por cartas – uma era quase pré-histórica.

O salto tecnológico modulou nosso comportamento e nossa mentalidade. Hoje é impensável a vida sem tantas facilidades que a internet nos proporciona, tampouco sem os aparelhos conectados a ela. Este salto tão veloz também nos deixou algo desconfiados com os avanços tão desenfreados e as novidades em avalanche que chegam à nossa rotina.

144

O SALTO TECNOLÓGICO MODULOU NOSSO COMPORTAMENTO E NOSSA MENTALIDADE.

Recentemente dei algumas entrevistas a respeito do pânico que o ChatGPT tem causado em empreendedores e colaboradores quanto à possível substituição do trabalho humano por inteligência artificial. Na ocasião, respondi que o pânico nada mais era do que o medo do desconhecido. Por que escolher entre um humano e um robô? Por que não podemos conviver com os dois? A tecnologia está aí para agilizar processos, facilitar tarefas e otimizar o tempo, sem contar o conforto que traz à nossa vida. Por isso, não podemos temê-la, muito menos ignorá-la.

É importante lembrar que para cada profissão que a inteligência artificial destrói, ela cria outra. Se uma ocupação deixa de existir, outra entra em seu lugar, afinal de contas, existe um humano por trás das máquinas – há profissionais humanos que desenvolvem e mantêm toda essa tecnologia funcionando.

Se alguém acha que Deus não tem nada a ver com isso, eu falo, sem medo de errar, que o mesmo Deus que é o Senhor das nossas vidas é também o Senhor da inovação. Veja o que está em Romanos 4:17: "Deus que dá vida aos mortos e chama à existência coisas que não existem, como se existissem". Trazer à existência coisas que não existem como se já existissem significa que é como se Deus já estivesse vivendo o que nós nem imaginamos ainda viver, porque Ele traz ao presente o futuro ainda distante.

DEUS E O MINDSET DA INOVAÇÃO CONSTANTE

Para melhor entender: em um tempo em que o homem ainda se locomovia a cavalo e carruagem, Deus já tinha concebido um Airbus A350, um dos mais modernos aviões da atualidade e considerado por muitos um dos mais avançados do mundo. Enquanto a humanidade escrevia cartas para se comunicar, Deus já previa para algum momento os smartphones mais modernos. Porque Deus tem na manga para o futuro o que nós no presente não vivemos, nem sequer sonhamos. Então, como alguém pode pensar que Deus não tem nada a ver com a tecnologia?

Em determinada ocasião, Cristo disse: "Digo-lhes a verdade: aquele que crê em mim fará também as obras que tenho realizado. Fará coisas ainda maiores do que estas" (João 14:12). Quando disse isso, Jesus estava preparando seus discípulos para sua ascensão aos céus. É bem verdade que ele estava falando com aqueles que acreditam Nele, que O escolheram como seu Senhor.

Entendo esse trecho como uma mensagem direta de Cristo aos empreendedores. É como se Jesus olhasse para esses empreendedores que estão fazendo coisas incríveis e dissesse: "Eu não disse para vocês que em tempos futuros vocês fariam coisas muito maiores do que Eu fiz?".

Jesus já sabia que o desenvolvimento, o progresso – a tecnologia e a disrupção – chegariam. Era como se Ele visse empresários usando a tecnologia para captar dados e transformá-los em informação, para que suas empresas fossem mais ágeis, mais eficientes e competitivas, diminuindo o tempo de criação, de implementação, de viralização etc. Deus, que é o Deus do ontem, do hoje e do amanhã, sempre soube que faríamos coisas grandiosas.

Portanto, estar antenado às inovações que precisam fazer parte dos empreendimentos é essencial para o sucesso e a relevância nos negócios nos dias de hoje. É uma tarefa que exige não apenas atualização constante, mas também uma dose extra de paixão e emoção.

Viver em um ambiente cada vez mais digital e conectado nos possibilita acessar um mundo de oportunidades e recursos inovadores. No entanto, para aproveitá-los, é preciso estar sintonizado com as últimas tendências.

É emocionante estar antenado com as novas tecnologias e reconhecer o impacto que elas causam em nossos empreendimentos. Novas ferramentas e plataformas podem revolucionar processos, otimizar produtos e serviços e proporcionar experiências únicas aos clientes. Sentir essa emoção nos motiva a explorar e adotar essas tecnologias nos negócios, enxergando além do óbvio e abraçando o potencial de crescimento e diferenciação que elas oferecem.

A paixão por estar em conexão com as inovações também nos impulsiona a enfrentar os desafios que surgem pelo caminho. O mundo da tecnologia avança rapidamente, e é preciso persistência e determinação para acompanhar esse ritmo acelerado.

A paixão nos mantém perseverantes, nos impede de desistir e nos inspira a buscar soluções criativas e adaptáveis. Quando abraçamos essa mentalidade e nos mantemos atualizados, estamos preparados para enfrentar os desafios e capitalizar as oportunidades que o mundo digital nos reserva.

Manter essa mentalidade de atualização constante me faz lembrar da história do povo israelita que foi libertado da escravidão e da violência egípcia. Deus escolheu Moisés para comandar a jornada desse povo até a terra prometida que manava leite e mel, como podemos ver em Êxodo 3:7-10:

> Disse o Senhor: "de fato tenho visto a opressão sobre o meu povo no Egito, e também tenho escutado o seu clamor, por causa dos seus feitores, e sei quanto eles estão sofrendo. Por isso desci para livrá-lo das mãos dos egípcios e tirá-los daqui para uma terra boa e vasta, onde manam leite e mel: a terra dos cananeus, dos hititas, dos amorreus, dos ferezeus, dos heveus e dos jebuseus. Pois agora o clamor dos israelitas chegou a mim, e tenho visto como os egípcios os oprimem. Vá,

pois, agora; eu o envio ao faraó para tirar do Egito o meu povo, os israelitas".

Durante quarenta anos, essas pessoas percorreram o deserto em busca da tal terra prometida; durante esses anos no deserto, o que deixava Deus entristecido era que as pessoas recebiam o Seu cuidado, que Ele não deixava nada lhes faltar, mas, em qualquer dificuldade que eles imaginavam estar vivendo, recorriam às suas atitudes mentais ao passado dizendo: "que saudade do tempo em que estávamos no Egito", como podemos ver em Número 11:1,4-7:

> Aconteceu que o povo começou a queixar-se das suas dificuldades aos ouvidos do Senhor. Quando Ele os ouviu, Sua ira acendeu-se e fogo da parte do Senhor queimou entre eles e consumiu algumas extremidades do acampamento. [...] Um bando de estrangeiros que havia no meio deles encheu-se de gula, e até os próprios israelitas tornaram a queixar-se, e diziam: "Ah, se tivéssemos carne para comer! Nós nos lembramos dos peixes que comíamos de graça no Egito, e também dos pepinos, das melancias, dos alhos-porós, das cebolas e dos alhos. Mas agora perdemos o apetite; nunca vemos nada, a não ser este maná!". O maná era como semente de coentro e tinha aparência de resina.

Entretanto, nesse período de quarenta anos, nasceu uma nova geração naquele lugar, que não conheceu o Egito. Deus percebeu o mindset, ou seja, uma atitude mental

DEUS E O MINDSET DA INOVAÇÃO CONSTANTE

diferente dos demais que sabiam do passado e eram apegados.

Imagino aquelas pessoas com mentalidade apegada ao passado, mentalidade de retrocesso, aquele grupo com negatividade mental, fazendo suas reuniões e dizendo "que saudades do Egito". Mas, então, Deus estava vendo um novo comportamento com a geração de mindset futurístico, com olhar para o futuro, que não conhecia o passado, os com 20 anos ou menos.

Esses, quando se reuniam, acredito eu, agradavam muito mais a Deus. Imagine um grupo daqueles jovens dizendo: "Vamos aguentar firmes o presente porque o nosso futuro será próspero e rico em Canaã, na terra que mana leite e mel".

Imagino também que Deus ficou tão feliz com essa nova geração ao ponto de dizer:

> Diga-lhes: "juro pelo meu nome, declara o Senhor, que farei a vocês tudo o que pediram: Cairão neste deserto os cadáveres de todos vocês, de vinte anos para cima, que foram contados no recenseamento e que se queixaram contra mim" (Números 14:27-29).

Ou seja, as pessoas de 20 anos para baixo, com mentalidade visionária, essas, sim, estavam com a mentalidade grande para receber das mãos de Deus coisas também grandes.

EMPREENDA PELOS PRINCÍPIOS BÍBLICOS

Nenhum empreendedor com a mente pequena vai tocar um grande negócio; aquelas pessoas que não estavam preparadas para viver em uma terra próspera, seriam, então, "deixadas no deserto".

Aqui faço uma observação importante: o nosso começo pode parecer pequeno, mas só chegaremos ao futuro de extrema grandeza se nossa mentalidade for se desenvolvendo com a nossa jornada empreendedora. Perceba que Deus não entrega nada grande nas mãos de pessoas com mentalidade pequena.

Por isso, fica aqui o meu conselho: desenvolva uma mentalidade inovadora, disruptiva, com capacidade de pensar em coisas grandiosas, para conseguir absorver de verdade o extremo de Deus, assim como Ele prometeu.

DEUS NÃO ENTREGA NADA GRANDE NAS MÃOS DE PESSOAS COM MENTALIDADE PEQUENA.

CAPÍTULO 10

ELIAS E A ZONA DE CONFORTO

Ao chegarmos ao final deste livro, espero que você esteja se sentindo motivado e revigorado para abraçar sua jornada transformadora. Os cinco passos do método que foram apresentados ao longo destas páginas oferecem um caminho claro e concreto para alcançar o sucesso empreendedor e a realização pessoal, unindo a força do empreendedorismo com a fé em Deus.

A conquista da genialidade divina nos convida a preparar mente e espírito para uma nova maneira de empreender, rompendo com os padrões ultrapassados da sociedade e abraçando a visão de Jesus como guia. Desenvolver a governança nos capacita a liderar com sabedoria e integridade, exercendo a responsabilidade de governar nosso empreendimento de maneira assertiva.

Ao iniciar a jornada, exercitamos a fé, a paciência e a constância, colocando em prática os ensinamentos de Tiago e seguindo o que nos trouxe Jó. Cada ação é impulsionada por uma fé sólida em Deus, enquanto damos vida a produtos e serviços com um propósito profundo, que impacta positivamente o dia a dia das pessoas.

Compreender e viver cada etapa é essencial para superar desafios e encontrar crescimento pessoal e profissional. Assim como o capítulo 1 de Gênesis, que narra a criação do mundo, cada empreendimento passa por diferentes fases, e é fundamental conhecê-las e enfrentá-las com fé, perseverança e sabedoria.

Por fim, a atualização com o mundo moderno nos convida a permanecer com a mente aberta, inovadora, adaptando-nos às mudanças tecnológicas e aproveitando as oportunidades do mundo atual, sempre mantendo nossos princípios cristãos como alicerce sólido.

Neste ponto, você, caro leitor, já está pronto para mergulhar de cabeça nessa jornada empreendedora com princípios cristãos. Você tem em suas mãos as ferramentas necessárias para construir um negócio próspero e um legado significativo. Sua genialidade divina e sua capacidade de governar serão a base para sua trajetória de sucesso.

Todo empreendedor, ao longo de sua jornada, encontrará muitos obstáculos que o desmotivarão a seguir em frente. No entanto, é importante lembrar que é justamente nesses momentos difíceis que se encontram as maiores oportunidades de crescimento e superação – o que me faz lembrar da história de quando o profeta Elias estava sentado no ribeiro de Querite.

Ao olharmos para essa passagem da vida de Elias, encontramos inspiração e motivação para seguir em frente em nossa jornada empreendedora. Assim como Elias confiou no cuidado e na provisão de Deus, também podemos confiar que Ele nos guiará e capacitará em cada passo que dermos.

Essa história está em 1 Reis 17. Nessa passagem, somos apresentados a Elias, um profeta que, por ordem de Deus, predisse uma seca na terra. Durante esse período, Ele instruiu Elias a se refugiar no ribeiro de Querite. Esse foi um momento crucial em que o profeta teve que confiar inteiramente no cuidado e na provisão divina.

NÓS SOMOS OS PROTAGONISTAS DA NOSSA VIDA, MAS DEUS É O FIO CONDUTOR, QUEM GUIA A NOSSA VIDA.

Enquanto estava lá, Elias enfrentou muitos desafios. A seca era intensa; a água, escassa; e a comida praticamente inexistente. Mas Elias não se desesperou.

Ele confiou em Deus e acreditou que o Senhor proveria tudo o que ele precisava. E então, um milagre aconteceu. Todos os dias, pela manhã e à tarde, corvos chegavam lhe trazendo pão e carne. Deus estava suprindo suas necessidades diárias de uma maneira extraordinária.

Pouco tempo depois, por falta de chuvas, o ribeiro secou, e Deus deu outra ordem a Elias: "Vá imediatamente para a cidade de Sarepta de Sidom e fique por lá. Ordenei a uma viúva daquele lugar que lhe forneça comida" (1 Reis 17:8-9). E ele foi. Quando chegou à porta da cidade, encontrou uma viúva que depois de uma longa conversa lhe deu água, comida e um lugar para repousar – ou seja, deu algo melhor do que Elias tinha.

Às vezes, Deus faz coisas cíclicas em nossas vidas: secou o ribeiro para que Elias saísse dali e fosse para outro lugar onde a vida seria melhor, e em um curto espaço de tempo posterior. Se Deus não fizesse isso, até quando Elias ficaria na zona de comodismo?

Trazendo para a nossa realidade empreendedora: secar o ribeiro de Querite pode ser comparado às vezes em que Deus permitiu que um negócio quebrasse ou

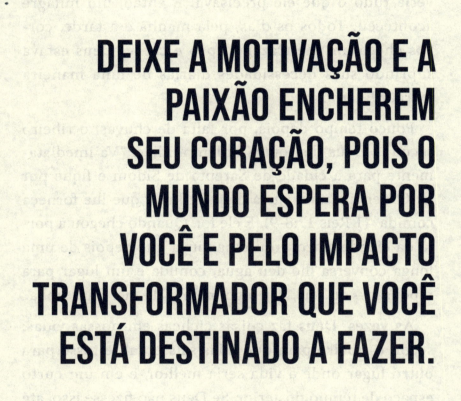

DEIXE A MOTIVAÇÃO E A PAIXÃO ENCHEREM SEU CORAÇÃO, POIS O MUNDO ESPERA POR VOCÊ E PELO IMPACTO TRANSFORMADOR QUE VOCÊ ESTÁ DESTINADO A FAZER.

morresse para poder então criar algo maior e melhor na vida daquele empreendedor.

Lembre-se de que nós somos os protagonistas da nossa vida, mas Deus é o fio condutor, quem guia a nossa vida. E, mesmo quando enfrentamos tempos difíceis, podemos confiar que Deus tem um plano para nós. Ele nos guiará a um lugar de refúgio, onde encontraremos sustento e renovação para seguir em frente.

Inclusive, isso aconteceu comigo. Quando eu deixei o banco, investi em uma loja de carros e os resultados dessa loja não foram o que eu esperava, fiquei muito chateado. Tempos depois, resolvi fechar a tal loja e me senti o pior de todos os empreendedores, um verdadeiro fracasso. Vendi os poucos carros que sobraram e segui com meu escritório de consultoria.

Logo em seguida, fui apresentado ao mundo da Odontologia, pude montar minha clínica e na sequência a minha franquia, e o restante da minha história você já sabe. E o que isso quer dizer? Deus estava secando meu ribeiro para que eu pudesse ser grande com as minhas franquias.

Portanto, que a história de Elias no ribeiro de Querite seja um estímulo para você avançar em sua jornada empreendedora, mantendo-se firme em seus propósitos, confiando em Deus e buscando a genialidade divina em cada decisão que tomar. Seja corajoso, persistente, e lembre-se de que a fé em Deus é o alicerce sólido sobre o qual você pode construir um empreendimento de sucesso e causar um impacto duradouro.

Este é o momento de se lançar de corpo e alma à jornada empreendedora com princípios cristãos. Estou certo de que você possui o potencial divino para criar um legado significativo, moldado pela fé em Deus e cheio de propósito. Deixe a motivação e a paixão encherem seu coração, pois o mundo espera por você e pelo impacto transformador que você está destinado a fazer. Acredite em si mesmo, confie na orientação divina e seja a luz que ilumina o caminho dos outros. O sucesso e a realização pessoal esperam por você nesta jornada grandiosa!

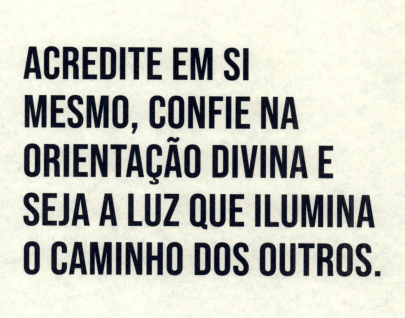
ACREDITE EM SI MESMO, CONFIE NA ORIENTAÇÃO DIVINA E SEJA A LUZ QUE ILUMINA O CAMINHO DOS OUTROS.

ACREDITE EM SI
MESMO, CONFIE NA
ORIENTAÇÃO DIVINA E
SEJA A LUZ QUE ILUMINA
O CAMINHO DOS OUTROS.

CAPÍTULO 11
SEJA O DAVI DA SUA HISTÓRIA!

Eu trouxe neste livro a proposta da jornada empreendedora com base em princípios cristãos e para isso utilizei o que encontramos em Jó 8:7: "O seu começo parecerá modesto, mas o seu futuro será de grande prosperidade", ou seja, o seu início pode ser pequeno, ínfimo, desprezível aos olhos de muitos, mas o Deus que cuida de nós, que é o nosso Senhor, que é o fio condutor de nossas vidas, está na linha empreendedora dizendo que o momento da honra, de sua aparição e que será elevado à potência máxima, chegará.

EMPREENDA PELOS PRINCÍPIOS BÍBLICOS

Como referência para interpretar essa jornada, trago nada mais, nada menos que ele, dito pelo Senhor, o homem segundo o coração de Deus: Davi. Em 1 Samuel 16, Deus chama o sacerdote Samuel e pede que ele vá até a casa de Jessé, porque dentre os filhos de Jessé se consagraria um deles como rei de Israel. Há um suspense quanto ao nome de quem seria o consagrado.

Quando Samuel chegou à casa de Jessé e contou o motivo de sua visita, começaram a passar diante do sacerdote para uma possível aprovação os filhos de Jessé: Eliabe, Abinadabe e todos os demais. Samuel se encantou com a formosura de Eliabe, o mais velho, mas Deus disse que ele não era o escolhido, nem os outros que haviam se apresentado.

Samuel perguntou a Jessé: "Estes são todos os filhos que você tem?", ao que Jessé respondeu: "Ainda tenho o caçula" (1 Samuel 16:11). Então, Samuel mandou chamar o filho menor, Davi. Aqui, antes de continuar essa história, preciso trazer à luz a interpretação de um texto de um dos salmos de Davi, o mais conhecido de todos, em Salmos 23:1-6, quando ele faz um pedido a Deus:

> O Senhor é o meu pastor; de nada terei falta. Em verdes pastagens me faz repousar e me conduz a águas tranquilas; restaura-me o vigor. Guia-me nas veredas da justiça por amor do seu nome. Mesmo quando eu andar por um vale de trevas e morte, não temerei perigo

166

algum, pois tu estás comigo; a tua vara e o teu cajado me protegem. Preparas um banquete para mim à vista dos meus inimigos. Tu me honras, ungindo a minha cabeça com óleo e fazendo transbordar o meu cálice. Sei que a bondade e a fidelidade me acompanharão todos os dias da minha vida, e voltarei à casa do Senhor enquanto eu viver.

Quando Davi diz "preparas um banquete para mim à vista dos meus inimigos. Tu me honras, ungindo a minha cabeça com óleo e fazendo transbordar o meu cálice", ele estava demonstrando uma crise de autoafirmação e que julgava ser necessário ter mais notoriedade, mais relevância em sua vida. Era como se ele dissesse: "ser ungido pelo Senhor é sempre bom, mas, se for possível, me honre diante daqueles que não acreditam em mim".

Voltando à história de 1 Samuel 16, enquanto alguém saía para chamar Davi, tenho a impressão de que havia uma mesa posta dentro da casa de Jessé. Quando começaram a preparar as cadeiras para sentar-se em volta do banquete, ecoou o primeiro pedido de Davi no ouvido de Deus: "prepara uma mesa na presença de meus inimigos".

Nesse mesmo momento, Samuel advertiu a todos: não nos assentaremos até que chegue o caçula. Quando Davi chegou à porta da casa, Samuel, agora sabendo

EMPREENDA PELOS PRINCÍPIOS BÍBLICOS

que o rapaz era o último filho de Jessé, aquele que tinha total probabilidade de ser o rei, tenho a impressão de que o profeta olhou para o caçula e é como se não o tivesse aprovado. Por que falo isso? Porque Samuel estava sentado, e assim permaneceu com a chegada de Davi. O mesmo Deus que mandou Samuel sentar-se quando quis ungir o mais velho foi o mesmo que disse "põe-te em pé, Samuel, porque você está diante do meu escolhido". E Samuel se levantou.

Naquele momento, é como se ecoasse o segundo pedido de Davi aos ouvidos de Deus: "unge minha cabeça com óleo". E, no mesmo momento, Davi foi ungido. Mas lembre-se de que a jornada não é um trampolim; precisamos respeitar todas as fases, e também aguardar sempre a aprovação de Deus.

Davi voltou para o campo para pastorear as ovelhas. Talvez alguns se perguntem: se ele já tinha sido ungido como rei, por que voltou a pastorear as ovelhas? Porque precisamos respeitar o tempo de Deus! Ele estava preparando o cenário da honra.

Passados alguns dias, como nos conta 1 Samuel 17, os filhos de Jessé foram guerrear contra os filisteus. Jessé chamou Davi e pediu que ele levasse alimento a seus irmãos. E Davi assim o fez.

SEJA A LUZ QUE ILUMINA O CAMINHO DOS OUTROS EM SUA JORNADA, IMPACTANDO VIDAS E TRAZENDO TRANSFORMAÇÃO PARA SUA COMUNIDADE E ALÉM.

Na ocasião, o exército de Israel estava aterrorizado diante do desafio proposto pelo filisteu Golias: ele desafiava qualquer homem de Israel a lutar contra ele em uma batalha. Golias era um guerreiro temido, gigantesco e forte, e nenhum homem corajoso o suficiente se apresentava para enfrentá-lo.

Foi então que Davi chegou ao acampamento de Israel para levar alimentos a seus irmãos. Ao ouvir os insultos e ameaças de Golias, seu coração se encheu de indignação. Davi se ofereceu para enfrentar o gigante, confiando no poder de Deus para ajudá-lo.

O rei Saul inicialmente duvidou das habilidades de Davi, então o jovem argumentou com o rei (1 Samuel 17:34-37):

> Davi, entretanto, disse a Saul: "Teu servo toma conta das ovelhas de seu pai. Quando aparece um leão ou um urso e leva uma ovelha do rebanho, eu vou atrás dele, atinjo-o com golpes e livro a ovelha de sua boca. Quando se viram contra mim, eu o pego pela juba, atinjo-o com golpes até matá-lo. Teu servo é capaz de matar tanto um leão quanto um urso; esse filisteu incircunciso será como um deles, pois desafiou o exército do Deus vivo. O Senhor que me livrou das garras do leão e das garras do urso me livrará das mãos desse filisteu". Diante disso, Saul disse a Davi: "Vá, e que o Senhor Deus esteja com você".

Então, Davi se preparou para o confronto com Golias. Ele escolheu cinco pedras lisas de um riacho e pegou sua funda, sua arma de escolha.

Quando Golias o viu, zombou de Davi, mas o jovem não se deixou abalar. Quando ele começou a girar a funda, certamente, ecoou o terceiro pedido de Davi a Deus: "E o meu cálice transborda". Imagino eu que todos os irmãos de Davi disseram: "Agora é o fim de Davi, ele está passando dos limites. Qual a lógica de um menino lutar contra um gigante apenas com uma funda e cinco pedras?".

Uma pedra acertou a cabeça de Golias e o derrubou no chão. Em seguida, Davi tomou a espada do próprio Golias e o degolou. Aqui podemos entender o transbordar de Deus: qual é o limite de um cálice? É a sua borda. O transbordar é deixar passar da borda, é derramar; isso quer dizer exagero ou extremo. Aqui conseguimos entender o que encontramos em Romanos 8:37: "Somos mais que vencedores". Ser vencedor é o sonho do nosso coração, ser mais que um vencedor é a extremidade de Deus nas nossas vidas.

Ao interpretar a jornada empreendedora, lembre-se de Davi: um menino com uma função desprezível à época, pastor de ovelhas, mas mesmo no anonimato ele testemunhou, dizendo: "Eu lutei contra o urso e contra o leão" – essas eram as etapas da preparação para alguém se tornar rei.

O TRANSBORDAR É DEIXAR PASSAR DA BORDA, É DERRAMAR; ISSO QUER DIZER EXAGERO OU EXTREMO.

SEJA O DAVI DA SUA HISTÓRIA!

Através de Davi, percebemos algumas características essenciais a um empreendedor: ele era corajoso, paciente, um homem que tinha sonhos, sabia ser liderado, era audacioso, de acabativas e temente a Deus.

Nessa passagem, eu consigo ver o extremo de Deus quando, após a morte de Golias, a multidão gritou: "Saul matou milhares, e Davi, dezenas de milhares" (1 Samuel 18:7). É como se Deus estivesse no extremo da honra que Ele deu a Davi e dissesse: "Lembra de quando você era pequeno? O seu começo foi pequeno e olha aonde você chegou. Eu realizei os seus sonhos porque você me deixou ser o fio condutor de sua história. Preparei o banquete à presença de seus inimigos, ungi tua cabeça com óleo e fiz transbordar o teu cálice. Eu sou o Deus que leva o homem da pequenez às extremidades".

Ao finalizar este livro, quero encorajá-lo a acreditar no Deus que dignifica e honra quando o escolhem para ser o seu Senhor. E eu profetizo que Deus te fará mais que vencedor: prepare-se, pois o transbordo de Deus está chegando em sua vida.

Faça de sua fé em Deus a sua bússola, lembrando-se de que Ele está sempre ao seu lado, guiando seus passos e iluminando seu caminho. Acredite em si mesmo, pois você possui um potencial ilimitado e uma missão única neste mundo.

Que cada ação empreendedora seja permeada pelo amor, pela compaixão e pelo serviço ao próximo. Seja a luz que ilumina o caminho dos outros em sua jornada, impactando vidas e trazendo transformação para sua comunidade e além.

Que esta obra seja apenas o início de uma história extraordinária, escrita por suas mãos empreendedoras e guiadas pela fé. Vá em frente, ouse sonhar alto e não desista. O mundo espera por você, pelo seu trabalho, pela sua paixão e pelo seu propósito. Acredite em seu potencial e seja a mudança que você deseja ver no mundo!

Que Deus abençoe ricamente sua jornada empreendedora e que você colha frutos abundantes de sucesso, realização e felicidade em todas as áreas de sua vida. Seja um empreendedor que transforma vidas, impacta positivamente sua comunidade e glorifica a Deus em cada passo do caminho. Vá em frente e escreva sua história de sucesso.

Este livro foi impresso pela gráfica Terrapack
em papel pólen bold 70g em janeiro de 2024.